L. Armbrust

Die territoriale Politik der Päpste von 500 bis 800

mit besonderer Berücksichtigung der römischen Beamtenverhältnisse

L. Armbrust

Die territoriale Politik der Päpste von 500 bis 800

mit besonderer Berücksichtigung der römischen Beamtenverhältnisse

ISBN/EAN: 9783955640415

Auflage: 1

Erscheinungsjahr: 2013

Erscheinungsort: Bremen, Deutschland

@ EHV-History in Access Verlag GmbH, Fahrenheitstr. 1, 28359 Bremen. Alle Rechte beim Verlag und bei den jeweiligen Lizenzgebern.

Die territoriale Politik der Päpste

von 500 bis 800

mit besonderer Berücksichtigung der römischen Beamtenverhältnisse.

Erlangung der philosophischen Doctorwürde

an der

Georg-Augusts-Universität

zu Göttingen

von

L. Armbrust
aus Göttingen.

Göttingen 1885.

Druck der Dieterichschen Univ.-Buchdruckerei.

W. Fr. Kaestner.

Meinen lieben Eltern.

I.
Die territoriale Politik der Päpste bis auf Gregor II. († 731).

Von einer territorialen Politik der Päpste kann man erst seit Gregor dem Grossen (590—604) reden. Allein schon seit dem Beginn des sechsten Jahrhunderts lassen sich Erscheinungen nachweisen, die theils als Vorbereitung theils als Grundlage der territorialen Bestrebungen des Papstthums anzusehen sind. Wir wollen zuerst die Ostgothenzeit in dieser Hinsicht betrachten. Was wir hier über die Bischöfe erfahren, das lässt sich meistens auf den obersten Bischof, den Papst, ausdehnen. Der Präfectus Prätorio Cassiodorius Senator überträgt in einem Briefe [1] den italischen Bischöfen ein gewisses Aufsichtsrecht über die localen Beamten. Sie sollen auf sie Acht geben und über alle ihre amtlichen Handlungen ein lobendes oder tadelndes Urtheil aussprechen. Aber Cassiodor trug Vorsorge, dass die Bischöfe das ihnen eingeräumte Recht nicht misbrauchten. Während sie den bedrängten Wittwen und Waisen helfen, sollen sie, wie er ausdrücklich hinzufügt, den Gesetzen nicht hinderlich sein. Der Bischof soll nur durch Predigt aufklären, damit der Richter nicht zu strafen braucht. Dies Aufsichtsrecht der Bischöfe hat aber wohl mehr in einer bereitwilligen Berücksichtigung ihrer Wünsche bestanden als in einer Ueberordnung über die Beamten. Cassiodor schreibt [2] an die Judi-

---

[1] Cassiodorii Variarum XI, 3. Ich citire nach Migne, Patrologia Latina tom. 69.
[2] Var. XI, 9.

ces Provinciarum in unzweideutiger Weise: über ihre amtlichen Handlungen sei keinem Privatmanne ein Aufsichtsrecht zuerkannt. Falls ein Provinciale gegen das Urtheil des Judex Provinciä Berufung erheben wollte, sollte der Judex selbst über den Fall Bericht erstatten. Ein Eingreifen der Bischöfe ist hierbei völlig ausgeschlossen. Die Bischöfe werden im ganzen Briefe nicht mit einer Silbe erwähnt. Wichtiger ist daher das Recht, welches ein einzelner Bischof erhielt. Cassiodor fordert [1]) bei einer Hungersnoth den Bischof von Mailand auf, Getreide aus den staatlichen Magazinen zur Linderung der Noth zu entnehmen. Die Unterstützung der Armen war ein allgemein bischöfliches Recht. Allein die Mittel zu dieser Wohlthätigkeit lieferten sonst theils die Kirchengüter [2]) theils die Stiftungen von Privatleuten [3]). Am auffallendsten ist aber, dass der Bischof von Mailand völlig selbständig vorgehen soll, und die Specialdelegirten des Praefectus Prätorio ihm durchaus unterstellt werden. Cassiodors Worte lassen hierüber keinen Zweifel zu.

Es darf nicht unerwähnt bleiben, dass die Beamten die Preise der Waaren nach vorheriger Berathung mit den Bischöfen und den Bürgern bestimmten [4]). Obwohl diese Concession von keiner sehr grossen Bedeutung ist, zumal da die Bürger auch ein Wort mitzureden hatten, so ist es doch bemerkenswerth, dass die Bischöfe in solchen öffentlichen Angelegenheiten um Rath gefragt wurden. —

Der Stellung der Bischöfe in der Ostgothenzeit entspricht die des Papstes. Gelasius I. (492—96) bezeichnet in einem

---

1) Cass. Var. XII, 27.
2) Gregor der Grosse bezeichnet Ep. VI, 55 (Gregorii I. Opera ed. Benedictini vol. II) die Einkünfte aus dem gallischen Patrimonium der römischen Kirche als pauperum res. Regesta pontificum Romanorum ed. Jaffé. 2. Aufl. Nr. 1489.
3) Codex Justinianus rec. P. Krueger I, 3, 28.
4) Cass. Var. XI, 12: Sex enim solidorum dispendium se noverit sustinere et laceratione corporis affligendum, si quis aliter vendendum esse crediderit quam miles (Beamter) noster in rem directas pretia cum civibus atque episcopis locorum habita deliberatione censuerit.

Briefe an König Theodorich das Intercediren als Pflicht seines Amtes [1]). Einandermal tadelt er mit scharfen Worten einen königlichen Comes, weil er ein Mädcheu aus dem Kloster entführt habe, und droht, ihn von der Communion auszuschliessen und dem Könige Bericht zu erstatten [2]). Dieses Auftreten des Papstes gegen die weltliche Obrigkeit fand bald Nachfolge. Im Jahre 502 berief Symmachus (498—514) eine Synode nach Rom. Dieselbe verwirft ein Gesetz des Basilius, der Odoakers Präfectus Prätorio gewesen war. Und zwar wird als Grund dafür angeführt, dass das Gesetz von einem Laien und ohne Bestätigung des Papstes gegeben sei [3]). Die Verwerfung dieses Gesetzes, welches dem römischen Bischof die Verschleuderung des Kirchengutes verbot, ist um so auffallender, als Symmachus auf Grund dieses Gesetzes nicht lange vorher in Anklagezustand versetzt war, und Theodorich durch die Absendung eines königlichen Visitators nach Rom gezeigt hatte, dass er es als gültig anerkannte [4]). Man sieht hieraus, dass das Selbstbewusstsein der Bischöfe und des Papstthums der weltlichen Obrigkeit gegenüber in bedeutender Zunahme begriffen war. Unter diesen Umständen war es geradezu gefährlich, wenn Cassiodor [5]) den Papst Johannes (523—26) bat, an den Regierungsgeschäften theilzunehmen, da die Sorge für die Sicherheit des Volkes dem Papste von Gott anvertraut sei. Der Wortlaut dieses Brie-

---

1) Brittische Briefsammlung, Gelasii ep. 16 im Neuen Archiv V, 515 [Vgl. ep. 53 S. 523]: Magnificentia vestra perpendit, sacerdotalis me officii necessitate constringi, ut apud clementiam vestram, quam constat omnia librare, sapienter intercessor accedam.

2) Britt. Briefs. Pelagii I. ep. 73 N. A. V, 562.

3) Migne Patrol. Lat. tom. 62 pag. 72—80. Cumque lecta fuisset, Laurentius epus. Mediolanensis eccl. dixit: Ista scriptura nullum Romanae civitatis potuit obligare pontificem, quia non licuit laico statuendi in eccl. praeter papam Romanum habere aliquam potestatem, cui obsequendi manet necessitas, non auctoritas imperandi, maxime cum nec papa Romanus subscripserit nec alicujus secundum canones metropolitani legatur assensus (cap. 3 p. 75).

4) Muratori, rerum Italicarum scriptores III, 2, 45 (Catalogus Symmachianus).

5) Cass. Var. XI, 2.

fes ist folgender: Joanni papae Senator praefectus praetorio ... Nolite in me tantum rejicere civitatis illius curam, quae potius vestra laude secura est. Vos enim speculatores christiano populo praesidetis, vos patris nomine universa diligitis. Securitas ergo plebis ad vestram respicit famam, cui divinitus est commissa custodia. Quapropter nos decet custodire aliqua, vos omnia. Pascitis quidem spiritualiter commissum vobis gregem: tamen nec ista potestis negligere, quae corporis videntur substantiam continere.

Trotz alledem darf man sich von der Stellung des Papstthums zur Ostgothenzeit keinen sehr hohen Begriff machen. Zumal Theodorich liess die Päpste verschiedentlich seine Macht fühlen. Dass er die Wahl des Symmachus bestätigt und den Gegenpapst Laurentius verwirft[1]), ist nichts Ausserordentliches. Die Kaiser und selbst die Exarchen der späteren Zeit übten dasselbe Recht aus[2]). Allein Theodorich blieb dabei nicht stehen, sondern setzte Felix IV. (526—30) selbständig ein[3]). Und auf dessen Vorgänger Johannes I. (523—26) hatte Theodorichs Hand noch schwerer gelastet. Wider seinen Willen ward Johannes vom Könige nach Constantinopel gesandt, und als er von dort zurückkehrte, erwartete ihn strenge Kerkerhaft. Er starb im Gefängnis[4]). Auch unter den Nachfolgern Theodorichs erfuhren die Päpste zuweilen Demüthigungen. König Athalarich bewilligte zwar dem Papste, auch wenn der Ankläger ein Laie wäre, die Gerichtsbarkeit über die römische Geistlichkeit — wohlgemerkt: nur über die römische Geistlichkeit —, bestimmte aber zugleich, dass das weltliche Gericht die Berufungsinstanz bilden sollte[5]). Der Papst wurde dadurch dem Stadt-

---

1) Vita Symmachi cap. 2, Liber pontificalis ed. Vignoli I, 172.
2) Liber diurnus Romanorum pontificum ed. Garnerius cap. 2 tit. 3 u. 4.
3) Cass. Var. VIII, 15. L. p. I, 195 sagt dagegen nur: Qui ordinatus est cum quiete.
4) L. p. I, 190. 193.
5) Cass. Var. VIII, 24. Vgl. dagegen Britt. Briefsamml. Pel. ep. 69 N. A. V, 561, wo von der Berufung bei der weltlichen Obrigkeit absolut keine Rede ist. Dies war also eine vorübergehende Neuerung des Athalarich.

präfecten, der in Rom und hundert römische Meilen im Umkreise [1]) die Gerichtsbarkeit hatte, untergeordnet. Derselbe König Athalarich erliess, ohne auf den Beschluss der römischen Synode von 502 (vgl. Seite 7) Rücksicht zu nehmen, an Papst Johannes II. (532—35) ein Gesetz gegen die Verschleuderung der Kirchenschätze. Wenn ein Bischof persönlich oder durch Mittelspersonen seinen Wählern Versprechungen gemacht habe, so sollen diese unter allen Umständen ungültig sein. Nicht der Papst, sondern der erste Beamte in Rom, der Präfectus Urbi hat dies Gesetz bekannt zu machen [2]). — Selbst das sinkende Königthum der Gothen hielt das Papstthum noch in dienender Stellung. Agapitus I. (535—36) musste sich vom Könige Theodahad als Gesandter nach Constantinopel schicken lassen [3]).

Am merkwürdigsten ist aber die Unterordnung der Päpste unter den Senat in dieser Zeit. König Theodahad und Königin Gudelina nennen zwar [4]) den Papst neben dem Senate und geben jenem die erste Stelle, allein wie wenig Gewicht man hierauf legen kann, beweisen die folgenden beiden Fälle. Papst Johann II. erklärt in einem Briefe von 534, cuncta ecclesia d. h. clerus, senatus und populus müssten erst einem päpstlichen Erlasse über den Glauben zustimmen, ehe er bindende Kraft habe. Papst Gelasius I., der die Lupercalienfeier verbot, rechtfertigte sein Verbot in einer besonderen Schrift, weil er vom Senate die Einleitung eines Gerichtsverfahrens befürchten musste [5]).

Einen wichtigen Abschnitt in der Geschichte des Papstthums bildet die Zerstörung des Ostgothenreichs und die Eroberung Italiens durch die Oströmer. Ein gekröntes Haupt war nun nicht mehr in Italien. Die Verwaltung wurde von

---

1) Cass. Var. VI, 4. Basilicorum libri LX ed. Heimbach VI, 4, 2 vol. I pag. 171.
2) Cass. Var. IX, 16.
3) Cass. Var. XII, 20.
4) Cass. Var. X, 19. 20.
5) Usener, Verhältnis des römischen Senats zur Kirche zur Ostgothenzeit. Festschrift zu Ehren Th. Mommsens S. 9 und 8.

Justinian dem Patricius und Exarchen anvertraut, welcher die höchste Militär- und Civilgewalt in seiner Person vereinigte. Neben ihm fungirte ein Präfectus Prätorio, der auch Gewalt über das Heer hatte und dessen Verproviantirung besorgte [1]). Später leitete er die innere Verwaltung. Zur Zeit Gregors des Grossen [2]) und auch im 7. Jahrhundert [3]) lässt er sich noch nachweisen. Auch in Afrika und Sicilien stand ein Präfect neben dem Patricius [4]).

Narses, der erste Exarch von Italien, nannte sich nur Patricius [5]). Cassiodor erklärt dieses Wort als entstanden aus pater = senator [6]). Diese Erklärung weist schon darauf hin, dass wir es mit einem blossen Titel zu thun haben. Eine andere Stelle bei Cassiodor [7]) scheint mir dies zu erweisen: Hinc est quod et honor ipse cinctus est, cum vacaret nihil jurisdictionis habens, et judicantis cingulum non deponens d. h. die amtliche oder nichtamtliche Stellung desjenigen, welcher zum Patricius ernannt war, blieb dieselbe wie vorher. Wenn der Patriciat kein Titel gewesen wäre, dann hätten ihn die Kaiser nicht auf Lebenszeit verliehen [8]). Die Inhaber dieses Titels hatten den höchsten

---

1) Procop. de bello Gothico III, 6 (Corpus scriptorum historiae Byzantinae [Bonn.] Procop. vol. II p. 302 B): Ταῦτα βασιλεὺς μαθών τε καὶ ἐν ξυμφορᾷ πεποιημένος τῶν Ἰταλίας πραιτωρίων ἔπαρχον Μαξιμῖνον ὡς τάχιστα κατεστήσατο, ἐφ᾽ ᾧ τοῖς τε ἄρχουσιν ἐς τὸν πόλεμον ἐπιστάτης εἴη, καὶ ταῖς στρατιώταις τὰ ἐπιτήδεια κατὰ τὴν χρείαν πορίζηται. — Hegel, Städteverfassung von Italien I, 129. 176.

2) Gregorii I, Ep. V, 11. R. p. 1326: Sed per excellentissimum patricium et per eminentissimum praefectum atque per alios civitatis nobiles viros expetit (der Bischof von Ravenna). Ep. I, 37. 38. R. p. 1105. 1106. Praepositus Italiae I, 23. R. p. 1090.

3) Marini, Papiri diplomatici Nr. 132 S. 199.

4) Afrika: Greg. I. Ep. IV, 34. VII, 2. X, 37. R. p. 1804. 1448. 1785. Sicilian: Greg. I. Ep. III, 38. X, 51. XI, 30. XII, 40. R. p. 1242. 1794. 1807. 1537.

5) Britt. Briefs. Pelagii I. Ep. 47. N. A. V, 555.

6) Ebenso ein Gesetz des Justinian Cod. Just. XII, 3, 5.

7) Cass. Var. VI, 2 (Formula patriciatus).

8) Cass. a. a. O. Zur Ostgothenzeit dauerte ein wirkliches Amt immer nur ein Jahr (vgl. unten), und die Kaiser verliehen auch keins derselben auf Lebenszeit.

Rang im Reiche. Cassiodor sagt a. a. O.: Den Präfecten und anderen Würdenträgern geht der Patricius vor. Und schon im fünften Jahrhundert verordnete Kaiser Zeno [1]), niemand solle zu der hohen Würde des Patriciats, welche über allen anderen stände, gelangen, wenn er nicht vorher Consul, Präfectus Prätorio, Präfectus Urbis, Magister Militum, oder Magister Officiorum gewesen sei. Und zwar musste er eins von diesen Aemtern wirklich bekleidet haben, nicht blos zum Titularconsul oder Titularpräfecten ernannt sein. Der Exarch von Italien führte regelmässig den Titel Patricius. Auf diese Weise wurde Patricius mit Hinzufügung eines Provinznamens die Bezeichnung des mit Militärgewalt ausgestatteten Statthalters dieser Provinz [2]). Gregor der Grosse erwähnt in seinen Briefen ausser dem Patricius Italiae einen Patricius Africae, Siciliae und Galliarum [3]). — Den Namen Exarch vermögen wir nicht zu erklären. Exarchen kommen sonst nur als Officiere [4]) oder als Beamte [5]) niederen Ranges vor. —

Der Kaiser, welcher den ersten Exarchen in Italien einsetzte, war Justinian I. (527—65). Procop bezichtigt denselben in seiner unhöflichen Geheimgeschichte [6]), das Prie-

---

1) Cod. Just. XII, 3, 9.

2) Die Patricii sind offenbar die Nachfolger der Magistri Militum, welche Constantin der Grosse als commandirende Generäle neben die 4 Präfecti Prätorio gesetzt hatte. Vgl. Zosimi Histor. ed. Imm. Bekker II, 33.

3) Greg. I. Ep. VI, 57. R. p. 1441 (p. Galliae) u. oben S. 10 Anm. 4.

4) CIL III, 1, 405 exarcus qui militavit. III, 2, 4882 hexarchus alae celerum.

5) Constantini Porphyrogeniti de caerimoniis aulae Byzantinae lib. II, pag. 415 (Migne, Patrologia Graeca 112, 1316) nennt ἔξαρχοι unter den Officia des Stadtpräfecten von Constantinopel. (Corpus scriptorum historiae Byzantinae [Bonn.] Const. Porph. vol. I, pag. 717 D, cap. 52).

6) Procop, Anecdota cap. 13 (Corp. scr. histor. Byz. Procop. vol. III, p. 88: τοῖς τε γὰρ ἱερεῦσιν ἀδεέστερον τοὺς πέλας συνεχώρει βιάζεσθαι καὶ ληιζομένοις τὰ τῶν ὁμόρων συνέχαιρεν, εὐσεβεῖν ταύτῃ ἀμφὶ τὸ θεῖον οἰόμενος. δίκας τε τοιαύτας δικάζων τὰ ὅσια ποιεῖν ᾤετο, ἤν τις ἱερῶν λόγῳ τῶν τι οὐ προσηκόντων ἁρπάσας νενικηκώς τε ἀπιὼν ᾤχετο. τὸ γὰρ δίκαιον ἐν τῷ περιεῖναι τοὺς ἱερέας τῶν ἐναντίων ᾤετο εἶναι.

sterthum bis zu frevelhafter Ungerechtigkeit begünstigt zu haben. Er habe den Priestern sogar erlaubt, ihre Nachbaren zu berauben und die Processe dann zu ihren Gunsten entschieden. Ein solcher Kaiser war für die Ausdehnung der weltlichen Macht des Papstthums besonders günstig.

Zur Ordnung der italienischen Verhältnisse erliess Justinian 554 mehrere Gesetze die gewöhnlich als pragmatica sanctio Justiniani zusammengefasst werden[1]). Sie beginnen mit den Worten: Auf Bitten des Vigilius, des ehrwürdigen Bischofs von Altrom, haben wir einige Verordnungen getroffen. Dieser Eingang bereitet uns auf Concessionen an das Papstthum vor.

Der § 19 der pragmatischen Sanction lautet: De mensuris et ponderibus. Ut autem nulla fraudis vel laesionis provinciarum nascatur occasio, jubemus, in illis mensuris vel ponderibus species vel pecunias dari vel suscipi, quae beatissimo papae vel amplissimo senatui nostra pietas in praesenti contradidit. Dieser Paragraph hat nach Gregorovius und andern dem Papste die Bestimmung der Maasse und Gewichte verliehen. Dieser Ansicht können wir allerdings nicht beistimmen, wir erblicken in den Worten höchstens die Uebertragung einer Kontrole über das Münzwesen und die anderen wichtigen Verkehrsmittel. Ich übersetze den Paragraphen so: „Damit aber keine Gelegenheit zum Betrug oder zur Uebervortheilung der Provinzen entstehe, verfügen wir, dass Waaren und Geld in denjenigen Maassen und Gewichten ausgegeben und angenommen werden, welche unsere Majestät dem Papste und dem Senate im gegenwärtigen Edikt übergeben hat". Der Kaiser hat also dem Papste und dem Senate zusammen mit dem Gesetze einzelne Exemplare von Münzen, Maassen und Gewichten gleichsam als Muster übersandt. Der Papst tritt hier neben dem Senate

---

1) Mon. Germ. Leges V, 1, 171 ff. und Juliani epitome Latina novellarum Justiniani ed. Gust. Haenel pag. 185. Hänel verwirft die Bezeichnung pragmatica sanctio. Gregorovius, Geschichte der Stadt Rom im M. A. 3. Aufl. I, 453. Hegel, Städteverf. v. It. I, 126. — Papencordt, Geschichte der Stadt Rom im M. A. berührt die folgenden hochwichtigen Bestimmungen des Gesetzes nicht.

als Vertrauensmann des Kaisers auf und erhält Antheil an der stillschweigend ausgesprochenen Kontrole.

Der § 12 der Sanctio pragmatica bestimmte, dass die Bischöfe und die angesehensten Grundbesitzer einer Provinz die judices provinciarum wählen sollten[1]). Wen haben wir aber unter den *judices provinciarum* zu verstehn? Gregor der Grosse erwähnt mehrere Male[2]) einen judex Sardiniae und gebraucht dafür auch[3]) den Ausdruck praeses Sardiniae, während bei ihm für denselben Beamten in Campanien nur Campaniae judex[4]) oder judex provinciae[5]) vorkommt. Im Texte des § 1 der 21. Constitution von Julians Epitome treffen wir wieder auf den Präses Provinciä, in der Ueberschrift dagegen wird derselbe Rector Provinciä genannt. In Constitution 69 § 1 wird Rector Provinciä und Präses Provinciä abwechselnd gebraucht. Andere Quellen, besonders die Inschriften, führen die Beziehungen corrector oder consularis provinciae in derselben Bedeutung an wie rector, praeses oder judex provinciae[6]).

Wir wollen in dieses Chaos von Namen nun Ordnung zu bringen suchen. Der gewöhnlichste Ausdruck für diesen vielnamigen Beamten ist *Praeses Provinciae*. Er ist die eigentliche officielle Bezeichnung desselben. Ueber die Bedeutung von Corrector und Consularis lasse ich Th. Mommsen reden[7]):

---

1) Provinciarum etiam judices ab episcopis et primatibus uniuscujusque regionis idoneos eligendos et sufficientes ad locorum administrationem ex ipsis videlicet jubemus fieri provinciis, quas administraturi sint.

2) Greg. Ep. 26. 27; V, 41. R. p. 1293. 1296. 1351.

3) Gr. Ep. XI, 22. R. p. 1302.

4) Gr. Ep. III, 1. 2. 15. R. p. 1205. 1206. 1219.

5) Gr. Ep. I, 68. R. p. 1135.

6) CIL IX, 2566: Clodius Octavianus consularis Pannoniarum secundae post presides primus II, 4911: a nova provincia (G)al(laecia) primus consularis, (ant)e praeses. II, 2635: vir consularis praeses provinciae Gallaeciae. X, 1, 1702 wird ein consularis Campaniae „judex integerrimus" genannt und ebenso heisst X, 2, 7284 ein corrector provinciae Siciliae „judex". Corrector Campaniae. X, 3867. 4785. 5061. 6084, consularis Campaniae VI, 1, 1714. IX, 1121. 1563. X, 1125. 3860. 3866. 3868. 3869 etc. etc.

7) CIL X, 2, pag. 714.

.. Deinde cum regionibus Italiae in provinciarum formam quodammodo redactis praesides sub correctorum nomine praeponeret[1]) (Staatsrecht II, 1040), Siciliae quoque ejusmodi magistratum attribuit ... Ii mox pariter atque correctores plerique Italiae, splendidiore nomine consularium adaucti sunt, id quod in Sicilia coepit sub Constantino; nam consularium quos novimus duo C. Caelius Censorinus (supra n. 3032) et Fabius Titianus (vol. VI n. 1717) ante Constantini obitum eo munere functi esse inveniuntur. Die Correctores gehören also der vorconstantinischen Zeit an. Die Ansicht Mommsens, dass Consularis ein auszeichnender Titel für die Präsides gewisser Provinzen sei, wird bestätigt durch ein Gesetz Justinians[2]), worin dem Präfectus Prätorio von Afrika die Verwaltung von sieben Provinzen „cum suis judicibus" übertragen wird, „quarum Tingi et quae proconsularis antea vocabatur, Carthago et Byzacium ac Tripolis *rectores habeant consulares*: reliquae vero i. e. Numidia et Mauritania et Sardinia a *praesidibus* cum Dei auxilio gubernentur" ... 50 Beamte stehn den Consulares sowohl wie den Präsides zur Verfügung. Man sieht hieraus, dass die dienstlichen Functionen der Consulares und Präsides nicht verschieden waren.

In den Inschriften habe ich für folgende italische Provinzen Consulares gefunden: Campania[3]), Aemilia und Liguria[4]),

---

1) Einige Beispiele hierfür. Corrector Campaniae s. S. 13 Anm. 6. Lucaniae et Brittiorum CIL X, 1, 212. 213. 468. 517. 519. Apuliae et Calabriae IX, 282. 318. 111—1117. 1579. Flaminiae et Piceni VI, 1, 1717. 1778. Flaminiae VIII, 5348. Tusciae et Umbriae X, 1, 1125. 5061. 6441. Venetiae et Histriae V, 1, 2818. 4427. 1328; V, 2, 8987; X, 1, 1700. 5061. Siciliae X, 7112. 7204. 7224. 7284. Dagegen habe ich bei Sardinien nur praeses provinciae Sardiniae gefunden X, 2, 7582. 7950. 8015. 8021 und ebenso bei Samnium praeses provinciae Samnitium X, 1, 4858 und praeses oder rector provinciae Samnii X, 1, 4859. 4868; IX, 2641. 703. 2212. 2337 etc.

2) Cod. Just. I, 27, 1 (Grundgesetz für Afrika vom Jahre 534).

3) Vgl. S. 13 Anm. 6.

4) CIL X, 1, 1125; VI, 1, 1715 (Aemilia allein).

Tuscia und Umbria[1]), Picenum[2]), Venetia und Histria[3]), Sicilia[4]). —

Es bleibt uns noch übrig, die Bedeutung von Rector und Judex Provinciä zu erörtern. Die Beispiele, welche wir S. 14 Anm. 1 für den Rector von Samnium angeführt haben, sind sehr geeignet, zur Identificirung von Rector und Corrector zu verführen, Rector also für einen amtlichen Namen oder Titel zu erklären. Andererseits legt es der ursprüngliche Sinn von rector provinciae (Leiter einer Provinz) nahe, dem Worte rector nur aussagende Bedeutung beizulegen. Man vergleiche den Ausdruck rector patrimonii, der Defensoren, Notare, Subdiakonen, Diakonen, Presbyter, also Beamte von sehr verschiedenem Range bezeichnet. Ich glaube mich für die letztere Erklärung entscheiden zu müssen, zumal da moderatores provinciarum vereinzelt [5]) in demselben Sinne vorkommt wie rectores provinciarum, und da der Gebrauch von rector in Cod. Just. I, 27, 1 (provinciae .. *rectores* habeant consulares) ebenfalls die zweite Erklärung von rector provinciae empfiehlt.

Mit ebenso grosser Bestimmtheit ist dem Ausdruck *Judex Provinciä* nur eine aussagende Bedeutung beizulegen. Judex ist eine ganz allgemeine Bezeichnung für militärische wie bürgerliche[6]), für geistliche wie weltliche[7]) Beamte mit richterlicher Gewalt. In einem Gesetze des Valentinian und Valens von 364[8]) werden judices potioris gradus und judices inferiores unterschieden. Nach dem Zusammenhange sind

---

1) CIL VI, 1, 1702.
2) CIL VI, 1, 1767.
3) CIL V, 1, 1582. 8332.
4) CIL IX, 5300.
5) Cod. Just. I, 40, 11.
6) Cod. Just. I, 52: Omnibus tam viris spectabilibus quam viris clarissimis judicibus, qui per provincias sive militarem sive civilem administrationem gerunt . . . Epit. Nov. 134 cap. 2: Nullus judex civilis sive militaris.
7) L. p. II, 164 (Hadr. c. 4): (Hadrianus) reverti fecit judices illos hujus Romanae urbis tam de clero quamque de militia. L. p. II, 192 (Hadr. c. 41): pontifex cum suis judicibus tam cleri quamque militiae.
8) Cod. Just. I, 40, 5.

die Defensores Locorum[1]) den Präsides Provinciarum gegenüber, und diese wieder in diesem speciellen Falle dem Präfectus Urbi (sonst dem Präfectus Prätorio) gegenüber judices inferiores. Wird nun Judex mit dem Genitiv Provinciä verbunden, so kann absolut kein Zweifel darüber obwalten, wer damit gemeint ist. Denn es gab in dieser Zeit keinen andern Beamten, der die Gerichtsbarkeit über eine Provinz hatte, als den Präses Provinciä.

Dies führt uns darauf, die Befugnisse des Präses Provinciä in Kürze darzulegen. Ihre Hauptthätigkeit bestand in der Ausübung der Gerichtsbarkeit, und zwar sowohl der criminellen als auch der civilen[2]). Justinians Grundgesetz für Italien bestimmte im § 23 besonders, daß die Jurisdiction über Civilpersonen den Militärbeamten entzogen sei. Im Bereich einer Provinz wurde sie also auch hier von den Präsides ungeschmälert ausgeübt. Der Präses war aber nicht allein Richter, sondern auch Civilstatthalter einer Provinz. So wird er in den Inschriften bald als vindex omnium sine committentum discrimine peccatorum[3]) oder als vindex legum ac moderator justitiae[4]) gerühmt, bald als vindex peccatorum, conditor moenium publicorum[5]) und als restaurator moenium publicorum[6]). Dem praeses provinciae Samnitium wurde eine Inschrift gesetzt, weil er una cum ordine (i. e. senatu) statum reipublicae jam conlapsum pro beatitudine saeculi reparavit[7]). Justinian liess durch die italischen Präsides auch die Steuern eintreiben[8]), welche sie an den Comes Privatarum abzulie-

---

1) An einen Defensor Loci hat man auch zu denken bei Epit. Nov. 124 cap. 10: Ut judices pro fugitivis personis ad judicem loci, ubi fugiunt, mittant.

2) Jul. Epit. const. 68 § 1 (ann. 538): Haec constitutio jubet, ut omnes Romani tam in civilibus quam in criminalibus causis jurisdictioni praesidum provinciarum subjiciantur.

3) CIL IX, 2641.

4) CIL IX, 708.

5) CIL IX, 2887.

6) CIL IX, 2639. 2956.

7) CIL X, 1, 4858.

8) Pragm. sanct. § 9 vgl. Cod. Just. XII, 1, 4.

fern hatten¹). Seit 556 scheint der Kaiser die Eintreibung der Steuern in bestimmten Fällen Specialdelegirten übertragen zu haben²).

Der Vorgesetzte der Präsides war der *Präfectus Prätorio*³). Gegen dessen Urtheil war keine Berufung möglich, sondern nur ein Gnadengesuch beim Kaiser⁴). Cassiodor sagt vom Präfectus Prätorio⁵), er habe Manches mit dem Königthum gemein, an Macht sei ihm kein anderer Beamter gleich; an Stelle des Königs spreche er Recht. Kein Beamter (miles) sei von seiner Gerichtsbarkeit ausgenommen (? praescribit), abgesehen von den Officialen des Magister Militum. Die Präfecti Prätorio waren ursprünglich Befehlshaber der Kaisergarde, der Prätorianer. Allmählich hatte sich ihre Gewalt in ganz ausserordentlicher Weise erweitert. Sie wurden die höchste Instanz für Civil- und Criminalgerichtsbarkeit und Statthalter grosser Complexe von Provinzen. Da sie ausserdem die höchste Militärgewalt besassen⁶), so wurden sie dem Kaiserthum gefährlich. Darum vermehrte Constantin der Grosse ihre Zahl von zwei auf vier (Orient, Illyrien, Italien, Gallien) und nahm ihnen ihre militärischen Befugnisse durch Einsetzung der *Magistri Militum*⁷). Beim Regierungsantritt Justinians gab es wieder nur zwei Präfecti

---

1) Epit. Nov. 134 cap. 5. Cod. Just. I, 40, 10. Sonst wurden die Steuern auch an den Comes Sacrarum Largitionum oder an den Arcarius eingeliefert. Cass. Var. VII, 20; XII, 7. 8. 10.

(2 Epit. Nov. 134 cap. 3. 4.

3) Cod. Just. I, 40, 2 (ann. 328). Noch deutlicher spricht die Formula praefecti praetorio bei Cass. Var. VI, 8: Delicta provinciarum judicum punit (sc. praefectus praetorio). Vgl. in derselben Briefsammlung die zahlreichen Erlasse des Präfectus Prätorio an die Judices Provinciarum.

4) Cod. Just. VII. 42, 1 von 439.

5) Cass. Var. VI, 8.

6) Marquardt und Mommsen, Römische Alterthümer II, 2, 1080. Kleinere Obliegenheiten der Präfecten zählt Constantin Porphyrogenitus auf Thematum Orientis 1 (Migne 113, 72, Corp. scr. hist. Byz. Const. Porph. vol. III, pag. 16).

7) Zosimi Hist. ed. Imm. Bekker. II, 32. 33.

Prätorio, den vom Orient, welcher in Constantinopel seinen Sitz hatte, und den von Illyricum. Afrika kam nach Beendigung des Vandalenkriegs hinzu[1]), und Italien während des Gothenkriegs[2]). Nicht selten wurden zwei prätorianische Provinzen einem und demselben Präfecten unterstellt, z. B. Italien und Illyrien[3]), auch Italien und Afrika[4]).

Die unterste richterliche Instanz bildete der *Defensor Civitatis* oder *Loci*, der nicht aus den Decuriones oder Cohortales genommen werden dürfte[5]). Er gehörte ursprünglich dem Beamtenthum nicht an, er sollte vielmehr das Volk gegen die Uebergriffe der Beamten schützen. So heisst es in einem Gesetze vom Jahre 385[6]): Der Defensor, welcher eine Amtsdauer von 5 Jahren hatte, sollte für das Volk wie ein Vater sorgen, es vor Steuerauflagen beschützen, der Anmassung der Unterbeamten (officiales), der Ungerechtigkeit der Richter entgegentreten und jederzeit Zutritt zu den letzteren haben. Ein älteres Gesetz[7]) überwies ihnen die Processe, in welchen es sich um nicht mehr als um 50 solidi[8]) handelte. Die übrigen Processe sollten dem Rector verbleiben. Wurden dem Defensor Verbrecher vorgeführt, die sich des Raubes oder anderer schwerer Verbrechen schuldig gemacht hatten, so hatte er deren Vorführung vor

---

1) Cod. Just. I, 27, 1 (ann. 534), vgl. I, 26.

2) Siehe S. 6 Anm. 2 und Jul. Epit. const. 64 (ann. 538): Praefectos autem praetoriorum quatuor ponimus, id est Orientalis sedis, qui in hac civitate est, et Illyricianae regionis et Africanae dioeceseos et qui Italiae praepositus est.

3) CIL V, 2, 2987 (ann. 362—63).

4) CIL V, 1, 3344 (nicht lange nach 371).

5) Cod. Just. I, 55, 2.

6) Cod. Just. I, 55, 4; vgl. I, 55, 5.

7) Cod. Just. I, 55, 1 (ann. 365).

8) Das Gewicht dieser Goldmünze betrug von Constantin dem Grossen (312) bis zum Ende des byzantinischen Reichs $1/72$ römische ℔. Marquardt-Mommsen V, 26. 70 (1 röm. ℔ = 327 Gramm). Das Pfund Gold (= 500 Gramm) zu 1350 Mark gerechnet, ergibt für einen Solidus, der nach obiger Angabe 4,54 Gramm wiegt, den Werth von $12\frac{1}{4}$ Mark. Also 50 solidi = 612 $1/2$ Mark.

das ordentliche Gericht zu veranlassen [1]). — Diese Befugnisse und andere Umstände, welche Hegel [2]) auseinandergesetzt hat, bewirkten, dass die Defensoren zuletzt als unterste Instanz, als Ortsrichter, in die Judices eingereiht wurden.

Auf die Wahl der Defensores Civitatum erhielten die Bischöfe schon am Anfang des sechsten Jahrhunderts entscheidenden Einfluss. Ein Gesetz des Kaisers Leo von 505 [3]), dass nur diejenigen Defensoren werden könnten, welche der orthodoxen Kirche anhingen und dies und die Reinheit ihres Lebenswandels in Gegenwart des Bischofs beschwören würden. Ihre Wahl solle durch die Bischöfe, Geistlichen, Honorati, Grundbesitzer und Curiales erfolgen. Dies ist aber nur die Erneuerung eines Gesetzes von 409 [4]). Nun können wir endlich zur sogenannten Sanctio pragmatica zurückkehren. Wenn auch der zwölfte Paragraph derselben den Bischöfen Einfluss auf die Wahl der Präsides Provinciarum einräumte, so erreichte doch der Papst dadurch unmittelbar nicht viel [5]). Denn in Rom selbst waltete der *Präfectus Urbi*, welcher dem Präfectus Prätorio gleichgestellt war und also höheren Rang besass als der Judex Provinciä. Allein die Bischöfe Italiens waren, vielleicht mit Ausnahme des ravennatischen, dem Papste unbedingt ergeben, es bedurfte also nur eines Winkes, und sie wählten einen dem Papste genehmen Präses. Aber auch während der Dauer seines Amtes blieb der Präses in gewisser Abhängigkeit von den Bischöfen. Denn frühere Gesetze, deren Gültigkeit durch § 11 der pragmatischen Sanction auf Italien ausgedehnt war, hatten den Bischöfen schon die Betheiligung an mancherlei Geschäften und Rechten eingeräumt, welche ursprünglich den Präsides allein zukamen. So hatten schon Arcadius und Honorius 398 gestattet, dass

---

1) Cod. Just. I, 55, 7.
2) Hegel, Städteverf. v. It. I, 134.
3) Cod. Just. I, 4, 19.
4) Cod. Just. I, 55, 8.
5) Engelen, Die ersten Versuche zur Gründung des Kirchenstaats. Dissertation von Halle 1882, S. 2 spricht von Präsides in Rom und dessen Umgebung. Ich habe keine Spur davon entdecken können.

zwei Parteien in einem privaten Rechtshandel den Bischof (sacrae legis antistitem) zum Schiedsrichter wählten [1]). Theodosius und Valentinian gehn 428 einen Schritt weiter und ertheilen den Bischöfen in einem bestimmten Falle eine richterliche Gewalt: Wenn Väter ihre Töchter oder Herren ihre Mägde verkuppeln wollen, so soll es den Töchtern und Mägden freistehn, die Bischöfe um Hülfe anzugehn und sich von diesen beschützen zu lassen [2]). Ein Menschenalter später erneuerte Kaiser Leo dies Gesetz [3]), und 534 wurde es von Justinian erweitert [4]). Zwei undatirte und namenlose Gesetze gaben den Bischöfen neben den angesehensten Possessoren das Vorschlagsrecht für die Wahl der Getreidekäufer [5]). Aber die wichtigsten Gesetze rühren erst von Justinian her. Im Jahre 529 verfügte er, dass niemand, welcher ausgesetzte Kinder auffinde, diese als sein Eigenthum beanspruchen oder in einen abhängigen Stand versetzen dürfe. Für die Beobachtung dieses Gesetzes sollten nicht nur die Präsides Provinciarum, sondern auch die Bischöfe sorgen [6]). In demselben Jahre erliess Justinian ein anderes Gesetz, das den Bischöfen gegen die Uebertreter der Würfelspielgesetze eine Art polizeilicher Gewalt anvertraute. Sie sollten die Würfelspieler aufspüren, ihnen das Spiel verbieten und die Ungehorsamen durch die Präsides (ἄρχοντες τῶν ἐπαρχιῶν), Curialen (? πατέρες) oder Defensoren (ἔκδικοι τῶν πόλεων) zur Vernunft bringen [7]). Die Präsides haben also in diesem Falle ebenso wie die Curialen und wie die Defensoren gewissermassen den Befehl des Bischofs auszuführen. 530 er-

---

1) Cod. Just. I, 4, 7.
2) Cod. Just. I, 4, 12.
3) Cod. Just. I, 4, 14.
4) Cod. Just. I, 4, 33.
5) Cod. Just. I, 4, 17. 18.
6) Cod. Just. I, 4, 24.
7) Cod. Just. I, 4, 25: Ὅσα περὶ τῶν καλουμένων κύβων ἤτοι κόττων καὶ τῆς τούτων κωλύσεως ἡμῖν νενομοθέτηται, ταῦτα ἄδειαν δίδομεν καὶ τοῖς θεοφιλεστάτοις ἐπισκόποις καὶ ἀνερευνᾶν καὶ γινόμενα παύειν καὶ τοὺς ἀκοσμοῦντας διὰ τῶν λαμπροτάτων ἀρχόντων τῶν ἐπαρχιῶν καὶ τῶν πατέρων καὶ τῶν ἐκδίκων τῶν πόλεων ἐπὶ σωφροσύνην ἐπανάγειν.

hielten die Bischöfe einen Sitz in der Commission, welche über die städtischen Einkünfte zu wachen hatte [1]). Die Vereidigung eines Vormundes, der testamentarisch für einen Irrsinnigen eingesetzt war, musste der Präses Provinciä stets in Gegenwart des Bischofs und dreier Notabeln vornehmen [2]).

Der Bischof war auch bei anderen, ähnlichen Amtshandlungen des Präses zugegen [3]) und konnte selbst an Stelle des letzteren eine Klage entgegennehmen. Dies war aber auf einen Fall beschränkt: Wenn derjenige, welcher fremdes Eigenthum unterschlagen hat, abwesend ist, so darf der rechtmässige Eigenthümer der unterschlagenen Sachen trotzdem beim Präses Klage erheben. Machen es ihm nun irgend welche Umstände unmöglich, den Präses anzugehn, so darf er dem Bischof der betreffenden Stadt seinen Wunsch schriftlich vortragen [4]). Eine spätere Verfügung Justinians verlieh dem Bischof oder dem Defensor Civitatis die Vertretung des abwesenden Präses bei Streitigkeiten zwischen Pächtern und Eigenthümern [5]). Die Defensoren allein waren die natürlichen Stellvertreter der Präsides [6]). —

Sogar die Aufsicht über die Präsides wurde den Bischöfen zugestanden. Und zwar durfte [7]) ein Kläger, der vom Präses Provinciä mit einer Civil- oder Criminalklage abgewiesen war, beim Bischof der Stadt Berufung erheben. Der Bischof konnte dann selbst oder durch seine Leute den Präses zur unverzüglichen und gerechten Entscheidung des Processes anhalten. Die Schlussworte des Gesetzes sind in einem bemerkenswerthen Tone abgefasst, der die angesehene Stellung des Bischofs den Beamten gegenüber in charakteristischer Weise kennzeichnet: Wenn der Statthalter der Provinz aber so unverschämt ist, dass er weder in Gegenwart des Bischofs

---

1) Cod. Just. I, 4, 26.
2) Cod. Just. I, 4, 27 (ann. 530).
3) Cod. Just. I, 4, 30.
4) Cod. Just. I, 4, 31 (ann. 531).
5) Cod. Just. I, 4, 32.
6) Vgl. Cod. Just. I, 50, 1.
7) Jul. Epit. const. 69 § 1.

noch der Geistlichen der Gerechtigkeit folgt, so soll es dem Bischof erlaubt sein, dem Kläger einen Empfehlungs- und Beschwerdebrief an den kaiserlichen Hof mitzugeben. Ohne diesen bischöflichen Brief war die Anrufung der kaiserlichen Entscheidung streng verpönt, es sei denn, dass der Kläger bei allen Instanzen (Defensor Civitatis, Präses Provinciä, Präfectus Prätorio) vergeblich Recht gesucht hatte. —

Weitere Rechte der Bischöfe den Präsides gegenüber bestimmen die §§ 2, 4 und 9 derselben Constitutio 69. § 2 gestattete jedem, welchem der Präses Provinciä verdächtig war, den Bischof zur Gerichtsverhandlung hinzuzuziehen. Nach § 4 sollte sogar der Bischof der Stadt über den Präses Provinciä zu Gericht sitzen, wenn dieser jemandem Unrecht zugefügt habe. Wenn der Präses gegen einen Beamten nicht einschritt, der in der Provinz mehr Steuern erhob als gesetzlich vorgesehen war, so berechtigte der § 9 den Bischof, beide beim Kaiser zu verklagen. Const. 15 § 7 machte die Präsides auch nach Niederlegung ihres Amtes den Bischöfen verantwortlich. Jeder Präses musste 50 Tage nach Niederlegung seines Amtes in seiner Provinz verweilen. Wenn er sie früher verliess, konnte ihn jedermann zurückhalten und das Erpresste von ihm zurückfordern, jedoch nur in Beisein und nach der Entscheidung des Bischofs[1]). Dieselbe Bestimmung findet sich in einem späteren Gesetze[2]), nur dass der Metropolit eintreten soll statt des einfachen Bischofs.

Alle diese Gesetze wurden erlassen, um der Habgier und Ungerechtigkeit der Beamten, besonders der Präsides

---

1) Kaiser Zeno hatte 475 ein ähnliches Gesetz, aber auf viel mehr Beamte ausgedehnt erlassen. Bezeichnend ist, dass der Bischof in demselben mit keinem Worte erwähnt wird: Nemo ex viris clarissimis praesidibus provinciarum vel consularibus ant correctoribus neve qui administrationis majoris infulas meruerint, id est viri spectabiles proconsules vel praefectus Augustalis aut comes Orientis aut cujuslibet tractus vicarius aut quicumque dux vel comes cujuslibet limitis vel divinarum comes domorum, postquam sibi successum fuerit, audeat excedere de locis, quae rexisse noscitur, antequam quinquaginta dierum constitutus numerus finiatur (Cod. Just. I, 49).

2) Jul. Epit. const. 124 § 22.

Provinciarum, zu steuern. Diesen Erfolg hatten sie nicht. Wie ein rother Faden geht durch die Briefe Gregors des Grossen (590—604) die Klage über die Corruption des Beamtenthums[1]). Aber einen anderen Erfolg hatten die Gesetze, welchen der Gesetzgeber nicht geahnt hatte: sie halfen die politische Macht des Papstthums begründen.

Papst Pelagius I. (555—60) machte zwar von ihnen, soweit es sich aus seinen Briefen ersehen lässt, noch keinen directen Gebrauch, allein seine Stellung den weltlichen Beamten gegenüber ist schon eine weit bedeutendere als die irgend eines früheren Papstes. Er suchte mit Hülfe der Beamten nicht nur rein kirchliche Zwecke zu verfolgen, sondern auch seine eigene Macht renitenten Bischöfen gegenüber nachdrücklicher geltend zu machen. So überträgt er dem Prätor Leo von Sicilien das Gericht über Cleriker in Catina, die gegen ihren Bischof revoltirt hatten[2]). Sogar die bewaffnete Macht suchte er sich dienstbar zu machen. Er schrieb einmal[3]) an den Magister Militum Carellus: „Er möchte dem Presbyter (Petrus) und dem Notar Projectus, die er gegen die Schismatiker und Pseudobischöfe Pethius und Maximilianus gesandt habe, Unterstützung gewähren... Auch mit weltlicher Macht seien die Schismatici zu unterdrücken". Bald darauf stellte er an den Comes Anilanes das Ansinnen, den Abgesandten des päpstlichen Stuhles seine Hülfe zu leihen[4]), und bat den Exconsul und Magister Militum Johannes, den Pseudobischof Paulinus nebst seinen Clerikern festnehmen und nach Rom führen zu lassen. Zwei päpstliche Defensoren sollten den Zug begleiten[5]). Den Patricius Valerian bat er, die Schismatiker zu bestrafen, da auch die weltliche Macht berufen sei, die Widersacher der

---

1) Greg. Epist. IV, 27; V, 39. 41. 42; VIII, 2; X, 36; XI, 5. R. p. 1296. 1355. 1351. 1353. 1489. 1784. 1797.
2) Britt. Briefsamml. Pelag. Ep. 58, N. A. V, 558.
3) Pel. Ep. 52, N. A. V. 556.
4) Pel. Ep. 54.
5) Pel. Ep. 57, vgl. Ep. 56.

Kirche zu unterdrücken[1]). Fast noch wunderbarer ist es, wenn der Papst den kaiserlichen Beamten die Gesetze interpretirt oder juristischen Rath ertheilt. Wieder ist es ein Magister Militum, dem er mittheilt, dass die chartae des Lucidius, weil sein Gegner fehle, ohne Werth seien[2]). Einen anderen Bescheid ertheilt er dem Comes Johannes: „Der Kaiser habe als Gesetz bestimmt, dass allein die Weihen gültig seien, welche nicht gegen Recht und Gesetz verstiessen"[3]). Am eigenthümlichsten ist der Bescheid, welchen er dem Comes Gurdimer ertheilt: die Wiesen in via Portuensi, que Eprejana genannt wird, seien in 5 oder 6 Tagen zu mähen[4])! Vielleicht war auch jener Mercurius ein Beamter, welchem er Auskunft über eine Besitzfrage ertheilt: „Solange ein Besitz zweifelhaft sei, könne er nicht auf jemand anders übertragen werden. Niemand darf, bis untersucht ist, wem er zustehe, Abgaben daraus einfordern"[5]).

Obwohl in der Justinianschen Gesetzgebung meistentheils nur dem Bischof der Stadt, worin der Präses Provinciä seinen Sitz hatte, die Aufsicht über diesen zugestanden ist, so finden wir dies wichtige Recht doch ein halbes Jahrhundert später schon in der Hand des Papstes. Und zwar begnügte er sich nicht damit, die säumigen Bischöfe an ihr Aufsichtsrecht zu erinnern, wie Gregor I. den Bischof Stephan[6]), sondern nahm für sich ein gleiches Recht in Anspruch. Allenfalls konnte er sich dabei auf das oben erwähnte Gesetz[7]) stützen, welches in einem bestimmten Falle dem Erzbischof ein Aufsichtsrecht ertheilt.

Gregor der Grosse schärfte allen seinen Beamten die Fürsorge für die Armen ein. Nicht den geringsten Theil dieser Fürsorge bildete aber der Schutz gegen die

---

1) Pel. Ep. 66, N. A. V, 560.
2) Pel. Ep. 18, N. A. V, 543.
3) Pel. Ep. 61, N. A. V, 559.
4) Pel. Ep. 61, N. A. V, 559.
5) Pel. Ep. 72, N. A. V, 562.
6) Greg. Ep. VIII, 8. R. p. 1454.
7) Jul. Epit. const. 124 § 22.

Ungerechtigkeit der Beamten. Die päpstlichen Defensoren, an deren Spitze Gregor sieben Regionarii [1]) gestellt hatte, machten durch die Vertheidigung der Armuth und Unschuld ihrem Namen Ehre [2]). Unter Gregors Briefen ist uns die Bestallungsurkunde eines Defensor erhalten [3]). Seine Instruction lautet darin folgendermassen: „Wenn du von uns zum Heile der Armen einen Auftrag erhalten hast, so führe ihn unbestechlich und mit Eifer aus. Zu dem Zwecke haben wir Dir dies Privilegium verliehen! Erfülle alle unsere Aufträge (*omnibus, quae tibi a nobis fuerint injuncta, complendis operam tuam fidelis exhibeas*) mit Sorgfalt, damit Du von Deinen Handlungen Rechenschaft ablegen kannst". Der Wirkungskreis der Defensoren ist durch den letzten Satz bedeutend erweitert. Dieser Brief findet sich mit denselben Worten, aber mit anderer Adresse noch einmal [4]). Gregor empfiehlt dann [5]) den neu eingesetzten Defensor an den Defensor Romanus, den Vertreter des Papstes und Verwalter der römischen Kirchengüter in Sicilien. In diesem Aktenstück hebt er nur das Wirken für den Nutzen der Kirche hervor als Aufgabe des Defensor: Da wir die Treue und das Geschick des Vitus, welcher das gegenwärtige Schreiben überbringt, wohl erprobt haben, so ist er von uns zum De-

---

1) Je einen für zwei Regionen der Stadt Rom. Greg. Ep. VIII. R. p. 1508.

2) Pagius in Baronii Annales Ecclesiastici VI, 533 unterscheidet von den defensores ecclesiae defensores pauperum, die schon 398 auf der fünften Synode zu Carthago eingesetzt sind. Baronius VI, 267. Mansi, Conciliorum Collectio III, 970 can. 9: Ab imperatoribus universis visum est postulandum propter afflictionem pauperum, quorum molestiis sine intermissione fatigatur ecclesia, ut defensores eis adversus potentias divitum cum episcoporum provisione delegentur. Auf der carthagischen Synode von 407 richteten die Bischöfe das Gesuch an die Kaiser, dass ihnen die Einsetzung von defensores ecclesiarum gestattet werde. Mansi III, 1164. Baronius VI, 522. In den Briefen Gregors lässt sich der Unterschied zwischen defensores pauperum und defensores ecclesiarum nicht festhalten.

3) Greg. Ep. V, 29. R. p. 1341.
4) Greg. Ep. XI, 88. R. p. 1622.
5) Greg. Ep. XI, 89. R. p. 1644.

fensor ernannt. Wenn Du ihm also etwas **zum Nutzen der Kirche** (pro ecclesiasticis utilitatibus) auftragen willst, so thu es ohne Bedenken". Bei dieser Betonung des kirchlichen Interesses konnte es nicht ausbleiben, dass recht eifrige Defensoren auch unbefugt und ungerecht Eingriffe in die Rechtspflege und in die Verwaltung verübten. Der Kaiser Justin hatte schon 524 hiergegen ein Gesetz erlassen [1]), und Gregor selbst musste den Defensor Romanus besonders daran erinnern [2]), dass er nur unschuldig Angeklagten seine Hülfe angedeihen lasse.

Gesetzlich war den Bischöfen nur über die Präsides ein Aufsichtsrecht bewilligt. Als aber die Bischöfe und der Papst an ihrer Spitze allgemein als Anwälte der leidenden Unschuld und Armuth anerkannt waren, suchten sie auch auf andere Beamte ihr Aufsichtsrecht auszudehnen [3]). So befahl Gregor dem Bischof Stephan, den Präfecten Constantin zur Gerechtigkeit zu ermahnen [4]), und dem Bischof Fortunat von Neapel, den vir clarissimus und palatinus Johannes an einer Bedrückung der Seifensieder seiner Stadt zu hindern [5]). Seinem Subdiakon Peter, Rector des sicilischen Patrimoniums, gibt er [6]) ganz im Allgemeinen den Auftrag, der Ungerechtigkeit der Beamten und der Grossen entgegenzutreten: Laici autem nobiles vel vir gloriosus [7]) precor pro humilitate te diligant, non pro superbia te perhorrescant. Et tamen cum eos fortasse contra quoslibet inopes injustitiam aliquam agere cognoscis, humilitatem protinus in erectionem verte, ut eis semper et bene agentibus subditus et male agentibus adversarius existas.

---

1) Cod. Just. I, 3, 40.
2) Gr. Ep. 27. R. p. 1604.
3) Gregorovius II, 49. 50 führt als charakteristisches Beispiel Gregors I. Benehmen gegen den Exconsul Leontius von Sicilien an (Ep. X, 51. R. p. 1794).
4) Gr. Ep. VII, 8. R. p. 1454.
5) Gr. Ep. X, 26. R. p. 1689.
6) Gr. Ep. I, 36. R. p. 1102.
7) Vir gloriosus ist gewöhnlich das Prädicat des **Magister Militum**, zuweilen auch des Patricius.

Auf die Dauer begnügte sich Gregor aber mit dem gelegentlichen Aufsichtsrechte über die Beamten nicht. Er ging weiter. Er begann mit der selbständigen Einsetzung von weltlichen Beamten. Zuerst versuchte er sich an einer kleinen Stadt. Er theilte [1]) der Geistlichkeit, dem Patriciate und Volke von Nepi im südlichen Tuscien mit, dass er dem vir clarissimus Leontius die Verwaltung der Stadt (curam sollicitudiuemque civitatis) übertragen habe, „damit er wachsam in Allem Verfügungen treffe, was euerem Nutzen oder dem des Staates nach seiner Erkenntnis dient". Der Erfolg dieser ungesetzlichen Handlung ermuthigte Gregor so sehr, dass er es nun auch wagte, einen militärischen Beamten für Neapel zu ernennen. Der Brief, worin er die Miliz dieser Stadt zum ferneren Gehorsam gegen den von ihm eingesetzten Tribunen ermahnt [2]), wirft auf Gregors Ansprüche ein helles Licht. Er gibt sich darin den Anschein, als habe er für das Interesse des Staates zu sorgen, und begründet die Unterwerfung der neapolitanischen Soldaten unter seinen Befehl mit der militärischen Subordination: Gregorius universis militibus Neapolitanis. Summa militiae laus inter alia bona merita haec est, obedientiam sanctae reipublicae utilitatibus exhibere, quodque sibi utiliter imperatum fuerit, obtemperare: sicut et nunc devotionem vestram fecisse didicimus, quae epistolis nostris, quibus magnificum virum Constantium tribunum custodiae civitatis deputavimus praeesse, paruit et congruam militaris devotionis obedientiam demonstravit [3]). Neapel wurde damals hart von den Longobarden bedrängt [4]). Aus dieser bedrängten Lage der Stadt lässt sich die Einsetzung eines Tribunen durch den Papst allenfalls erklären. Der Exarch, der sonst dieses Recht hatte, weilte im fernen Ravenna und war von der bedrohten Stadt durch feindliches Gebiet getrennt.

---

1) Gr. Ep. II, 11. R. p. 1166.
2) Gr. Ep. II, 31. R. p. 1189.
3) Dieser päpstliche Erlass ist in ganz ähnlichem Tone abgefasst wie die Edicte der Gothenkönige vgl. Cass. Var. VI, 25. VII, 27. 30.
4) Gr. Ep. II, 46. R. p. 1198.

Gregor benutzte auch mit Erfolg die bewaffnete Macht gegen renitente Bischöfe. In seinem ersten Pontifikatsjahre liess er dieselben durch einen Tribunen und Soldaten bekämpfen. Kaiser Mauricius lässt sich hierüber in einem Briefe an Gregor folgendermassen vernehmen [1]): scire vos volumus, quod episcopi Istriensium per clericos aliquos ad nos directos suggestiones nobis transmiserunt, unam episcoporum civitatum et castrorum, quae Longobardi tenere dignoscuntur, aliam Severi Aquilejensis episcopi aliorumque episcoporum, qui cum illo sunt, et tertiam solius ejusdem Severi. In quibus omnes dixerunt, tuam beatitudinem milites ad illos transmisisse cum uno tribuno et excubitore, necessitatem imponentes praefato reverendo Severo et omnibus episcopis, ut ad tuam beatitudinem perveniant propter diversam voluntatem, quam habent ad sacra et catholica dogmata sacrosanctae nostrae ecclesiae. Der Kaiser befiehlt im Folgenden dem Papste nur, die Feindseligkeiten gegen die Bischöfe einzustellen, mit keiner Silbe aber tadelt er ihn, dass er seine Befugnisse überschritten und den Landfrieden gestört habe.

Gregor wagte noch Grösseres. Italien wurde schon drei Jahrzehnte lang durch den Longobardenkrieg verwüstet. Gregor selbst ist der beredte Darsteller des Elends, das er anrichtete. Nicht am wenigsten litt dabei die Kirche [2]). Da der Exarch wenig Lust zeigte, Frieden zu schliessen, trotz wiederholter ernstlicher Mahnung [3]), so trat Gregor selbst mit dem Longobardenkönig Agilulf (590—616) in Verhandlung. Der Friede wurde aber durch den Exarchen mit Zustimmung des Kaisers vereitelt [4]). Allein ein Miserfolg konnte Gregor nicht muthlos machen. Er setzte die Verhandlungen fort [5]) und theilte endlich dem Bischof Januarius von Cagliari [6]) triumphirend mit, dass sein Gesandter sich mit

---

1) Troya, Codice diplomatico Longobardo vol. I p. 175 n. 59.
2) Gr. Ep. V, 21. R. p. 1352.
3) Gr. Ep. II, 46. IV, 2. R. p. 1198. 1273.
4) Gr. Ep. V, 40. R. p. 1359.
5) Gr. Ep. VI, 30. R. P. 1413.
6) Gr. Ep. IX, 4. R. p. 1535.

Agilulf über den Frieden verständigt habe. Nicht lange darauf kamen longobardische Gesandte nach Rom, um den Friedensvertrag vom Papste unterzeichnen zu lassen ¹). In demselben Briefe, in welchem Gregor dies berichtet, nennt er sich im Vollgefühl seiner Bedeutung Vermittler zwischen dem Longobardenkönig und dem Exarchen, wie er früher schon behauptet hatte, er sei höher gestellt als der Exarch ²). Er wollte sich dem höchsten Beamten nächst dem Kaiser nicht mehr unterordnen.

Dass die politische Lage dieser Machterweiterung des Papstthums sehr günstig war, beweist der Umstand, dass die gallischen Bischöfe in der unruhigen Zeit, als die Franken Gallien eroberten, ähnliche Rechte wie Gregor ausübten ³). Allein sie wurden nur durch die augenblicklichen Verhältnisse zu einem solchen Vorgehn gezwungen, bei Gregor dagegen erkennen wir ein durchaus zielbewusstes Streben nach weltlicher Herrschaft. Es steht hiermit vollständig im Einklange, dass er bei den Bischöfen das Streben nach weltlicher Macht zu unterdrücken sucht, offenbar um einer Zersplitterung vorzubeugen. Gleich in seinem ersten Pontificatsjahre ⁴) richtet er die Aufmerksamkeit seines Vikars Peter in Sicilien auf das Treiben der Bischöfe. Sie sollten sich nicht in weltliche Angelegenheiten mischen, soweit es nicht die Beschützung der Armen erfordere. Später ging er noch weiter. Er schrieb ⁵) an den Magister Militum Maurentius, er solle von dem Bischof von Neapel keine Eingriffe in seine Rechte dulden; es sei unerträglich, wenn Priester gegen die alte Sitte sich in die Geschäfte der Laien mischten. Den Balken im eigenen Auge sieht Gregor nicht.

---

1) Gr. Ep. IX, 98. R. p. 1568.

2) Gr. Ep. II, 46: Movere autem vos non debet praefati excellentissimi viri Romani patricii animositas: quia nos, quanto eum loco et ordine praeimus, tanto, si qua sunt ejus levia, tolerare mature et graviter debemus. R. p. 1198.

3) Fehr, Staat und Kirche im fränkischen Reich bis auf Karl den Grossen S. 1331 ff. Löbell, Gregor von Tours. 2. Aufl. S. 253 ff.

4) Gr. Ep. I, 86. R. p. 1102.

5) Gr. Ep. IX, 69. R. p. 1573.

Und doch klagt er immer wieder, dass er von der Last der weltlichen Geschäfte erdrückt werde [1]), dass er um die irdischen Sorgen die wahren Werke vergesse [2]), dass ihn bei der anhaltenden Beschäftigung mit den Dingen dieser Welt die Bischofsweihe fast von der Liebe Gottes getrennt habe [3]).

Übrigens fühlte er sich bei allen seinen Übergriffen doch noch immer als Unterthan des Kaisers. Er nennt sich selbst [4]) den unwürdigen Diener seiner Majestät. Nichts liegt ihm ferner, als gegen den Befehl oder ein Edikt seines gütigen Herrn oder gar mit Geringschätzung desselben zu handeln [5]). Eine wichtige Stütze gewann Gregor dem Papstthum in der Liebe des römischen Volkes. Durch den Papst und dessen Untergebene wurde es gegen die Ungerechtigkeit der Beamten geschützt, der Papst vertheilte das Getreide des grossen sicilianischen Patrimoniums an die Römer [6]), die Armen fanden an ihm ihren treuesten Helfer [7]), die bedeutenden Einkünfte der Kirche verwendete er zur Loskaufung der Gefangenen [8]), so forderte es nicht nur die Pflicht der Dankbarkeit, sondern der Trieb der Selbsterhaltung, dass das Volk dem Papste in Gefahren beistand. Dieser Beistand des Volkes erhielt für die Nachfolger Gregors, die seine Liebeswerke fortsetzten, hohe Wichtigkeit.

Die Päpste des siebenten Jahrhunderts waren weniger bedeutend. Daher machte die Erweiterung ihrer Macht nur langsame Fortschritte. Dass aber das Streben nach weltlicher Herrschaft nicht mit dem grossen Gregor ins Grab gesunken war, das erkennen wir aus einzelnen Spuren in den Briefen, Edikten und Lebensbeschreibungen dieser Päpste.

---

1) Gr. Ep. I, 5. R. p. 1071.
2) Gr. Ep. I, 6. R. p. 1073.
3) Gr. Ep. I, 30. R. p. 1098.
4) Gr. Ep. III, 65. R. p. 1266.
5) Gr. Ep. XIV, 8. R. p. 1921.
6) Gr. Ep. I, 72. R. p. 1139.
7) Gr. Ep. I, 76 und öfter (R. p. 1143).
8) Gr. Ep. VII, 24. R. p. 1467. Kaiser Leo hatte 468 die Verwaltung derjenigen Gelder, welche von einem Erblasser für die Loskaufung von Gefangenen bestimmt waren, dem Bischof der betreffenden Stadt unter Controle des Präses Provinciä überwiesen. Cod. Just. I, 3, 28.

Jedoch hatten sie nicht alle dasselbe Glück. Bonifacius IV. musste von Palumbus (Sanct Columban), also von einem Geistlichen hören: Quis te constituit principem aut judicem super nos?[1]) Jedoch ist eine derartige Zurechtweisung keinem späteren Papste zu Theil geworden.

Bonifacius V. (619—25) trat als Gesetzgeber auf und bestimmte, dass ein Testament, welches den kaiserlichen Erlassen nicht zuwiderliefe, Gültigkeit haben sollte [2]). Die Worte lauten in der Biographie des Bonifacius: Hic constituit, ut testamentum valeat secundum jussionem principis. Sie sind zu lakonisch, als dass man weitere Schlüsse aus ihnen ziehen könnte. Die Thatsache, dass der Papst ein solches Edict erliess, ist aber auch wichtig genug.

Seinem Nachfolger Honorius I. (625—38) legt eine Inschrift in der Peterskirche den Namen dux plebis bei [3]). Dass er eifrig den Spuren des grossen Gregor gefolgt sei [4]), können wir durch ein Beispiel beweisen. Er übertrug die Regierung der Stadt Neapel mit allem zugehörigen Gebiete dem Notar Gaudiosus und dem Magister Militum Anatholius. Beiden schrieb er zugleich die Art der Regierung vor [5]). Letzteres hatte Gregor nicht einmal in der kleinen Stadt Nepi gewagt.

---

1) Troya, Cod. dipl. Long. vol. I. n. 284 pag. 564.
2) Lib. pont. I, 242.
3) Sed bonus antistes, dux plebis Honorius armis
   Reddidit ecclesiis membra revulsa piis.
Baronius, Ann. Eccl. XI, 324. Troya I, n. 299 p. 598. Ich glaube nicht, dass auf diese Bezeichnung besonderes Gewicht zu legen ist. Vielleicht bietet folgender Vers aus der Grabschrift des Honorius eine Aufklärung für den Ausdruck dux plebis:
   Ad vitam pastor ducere novit oves.   Baronius XI, 324.
4) Namque Gregorii tanti vestigia justi
   Dum sequeris cupiens ...
Grabschrift des Honorius. Bar. XI, 324.

5) Idem in eodem Gaudioso notario et Anatholio magistro militum Neapolitanam civitatem regendam committit cum omnibus ei pertinentibus et qualiter debeat regi scriptis informat. Diese Nachricht verdanken wir der Kanonsammlung des Kardinals Deusdedit, der sie aus dem Registrum Honorii geschöpft hat, l. III, c. 149 ed. Martinucci p. 322.

Unter Martin I. (649—54) hören wir zum ersten Male, dass der Papst am Heere in Rom eine Stütze fand [1]). Der Kaiser hatte ein Edikt erlassen, worin er den dogmatischen Streitigkeiten Schweigen gebot. Der Exarch Olympius sollte aber den Papst nur dann zur Anerkennung dieses Edictes nöthigen, wenn er das in Rom stehende Heer, welches offenbar aus den Römern recrutirt wurde, gewinnen könnte. Diese Thatsache ist um so auffallender, als kaum zehn Jahre vorher unter dem Papste Severin (638—40) der Chartular Mauricius dasselbe Heer verleiten konnte, den Lateran zu plündern [2]). Das Heer des Mauricius bestand jedenfalls aus Nichtitalienern. Dem Exarchen Olympius gelang es noch einmal das Heer auf seine Seite zu ziehen. Allein von da an finden wir das Heer stets auf der Seite des Papstes. Als der Oberste der kaiserlichen Waffenträger Zacharias den Papst Sergius I. (687—701) auf kaiserlichen Befehl nach Constantinopel führen wollte, erhob sich die Miliz von Ravenna, aus der Pentapolis und der Umgegend, und Zacharias musste den Papst um Schutz anflehen gegen seine eigenen Truppen [3]). Aehnlich erging es dem Exarchen Theophylactus, der bald darauf von Sicilien nach Rom kam. Papst Johannes VI. (701—4) beruhigte die aufrührerischen Soldaten [4]). Es ist wahrscheinlich, dass die Empörung sich wieder zum Schutze des Papstes erhob.

Beide Male werden in Rom gar keine Beamte erwähnt. Zacharias verlangt vom Papste Sergius, dass die Thore der Stadt geschlossen würden, und ebenso lässt Papst Johannes die Thore aus eigener Machtvollkommenheit schliessen. Dies kam zunächst dem Commandanten der Stadt zu, dem Magister Militum [5]). Als zur Zeit Gregors des Grossen der Longobardenkönig Agilulf gegen die Stadt anrückte, rüstete

---

1) Lib. pont. I, 261. Gregorovius II, 139.
2) L. p. I, 248.
3) L. p. I, 308.
4) L. p. I, 315.
5) In den Variä Cassiodor kommt VII, 29 eine Formula de custodiendis portis civitatis vor. Leider lässt sich aber daraus nicht erkennen, welchem Beamten der Pförtner unterstellt war.

sich der Magister Militum zur Abwehr¹), und während der Belagerung war es wieder der Magister Militum, welcher in Gemeinschaft mit dem Stadtpräfecten sich der Sorge für die Bewachung der Stadt unterzog²). Schon seit Gregors I. Zeit wird in den allerdings sehr dürftigen Quellen kein Magister Militum in Rom mehr erwähnt, es müsste denn sein, dass man einen unter den primates exercitus³) vermuthen wollte, welche bei der Wahl des Conon (686) und des Sergius (687—701) eine Rolle spielten⁴). Unter den Päpsten Severin (638—40), Johannes IV. (640—42) und Theodor I. (642—48) hat an Stelle des Magister Militum der Chartular Mauricius den Oberbefehl über das römische Heer⁵). —

Die Griechen müssen die vom Papste drohende Gefahr ganz und gar verkannt haben, denn sie leisteten seinen Machtgelüsten noch Vorschub. Dem Papste Agatho (678 —80) erliess der Kaiser auf seinen Antrag die Taxe für den Amtsantritt, jedoch mit dem Vorbehalte, dass die Weihe nicht vor der kaiserlichen Bestätigung stattfinde⁶). Letzteres ward seitdem Sitte. Derselbe Papst erlangte eine andere hohe Vergünstigung. Der nachherige Papst Johannes V. (685—86) brachte ihm von Constantinopel die kaiserliche Bestätigung der sechsten Synode mit und andere kaiserliche Befehle, welche die Fruchtsteuer der sicilischen und calabrischen Patrimonien erliessen und ebenso das Aufkaufen des Getreides (wahrscheinlich durch kaiserliche Beamte zu einem festgesetzten geringen Preise) und andere Lasten, welche die römische Kirche jährlich nicht mehr leisten konnte⁷). Dieser Steuererlass verschaffte dem Papstthum

---

1) Gr. Ep. II, 29. R. p. 1187.
2) Gr. Ep. K, 40. R. p. 1359.
3) Primores exercitus werden Cod. Just. XII, 60, 3 ann. 416 erwähnt. Aus anderen Gesetzen des Cod. Just. z. B. I, 27, 2 möchte ich schliessen, dass die Duces und Tribuni damit gemeint sind.
4) L. p. I, 299. 308.
5) Vgl. unten. Gregorovius II, 129.
6) L. p. I, 275.
7) L. p. I, 296. Auch den Patrimonien von Bruttium und Lucanien wurden um diese Zeit die Steuern erlassen L. p. I, 300.

nicht nur einen bedeutenden pekuniären Vortheil, sondern auch seinem Grundbesitz eine Sonderstellung, wie sie in dieser Zeit nur noch die kaiserlichen Domänen besassen.

Wie sehr sich die Macht des Papstes in Rom schon geltend machte, das sieht man aus dem Bericht des Papstbuches[1]) über den Papst Sisinnius (708): Obwohl er nur zwanzig Tage auf dem Stuhle Petri sass und vom Podagra so gequält wurde, dass er nicht die Hand zum Munde führen konnte, so war er doch stark an Geist und sorgte für die Einwohner der Stadt Rom. Um die baufälligen Stadtmauern wiederherzustellen, liess er Kalk brennen. Zur Zeit Theodorichs war ein dem Präfectus Urbis untergebener Architectus Publicorum in Rom[2]), der in der Notitia Dignitatum (Anfang des 5. Jahrhunderts)[3]) als Curator Operum Publicorum vorkommt. Ausserdem gab es einen Präpositus Calcis, der das Kalkbrennen zu überwachen hatte[4]). Wenn auch diese Aemter untergegangen waren, so existirte doch der Stadtpräfect oder irgend ein anderer Beamter noch, dem diese Obliegenheiten eher als dem Papste zufallen mussten.

Papst Constantin I. (708—15) stand anfangs in freundschaftlichem Verkehr mit dem oströmischen Kaiser. Er wurde von Justinian II. nach Constantinopel berufen. Unterwegs mussten ihm die Judices auf Befehl Justinians kaiserliche Ehren erweisen, und in der Hauptstadt wurde er mit grossem Pompe empfangen[5]). Auf sein Verlangen wurden ihm alle Privilegien der Kirche erneuert[6]). Was sind dies aber für Privilegien? Eine theilweise Auskunft bietet uns, wie ich glaube, ein Brief des Papstes Gelasius I. (492—96) an Theodorichs Mutter[7]), worin er sich beschwert, dass zwei Cleriker aus Nola ohne Rücksicht auf die kirchlichen Privilegien das weltliche Gericht um Entscheidung angegan-

---

1) L. p. I, 321.
2) Cass. Var. VII, 15.
3) Notitia dignitatum ed. Boecking. Occid. fasc. III, p. 15.
4) Cass. Var. VII, 17.
5) L. p. II, 6.
6) L. p. II, 8.
7) Britt. Briefsamml. Gel. Ep. 46 N. A. V, 521.

gen hätten, während sie nach Recht und Gesetz mit dem Urtheil des apostolischen Stuhles sich hätten begnügen müssen. Schliesslich bittet er um Aufrechterhaltung der Privilegien des heiligen Petrus. Hier ist unter den kirchlichen Privilegien die Gerichtsbarkeit der Kirche über ihre Angehörigen zu verstehn. Aber in den zwei Jahrhunderten, welche zwischen Gelasius I. und Constantin I. liegen, hatten sich die Ansprüche der Kirche bedeutend vermehrt. Constantin I. werden also noch manche anderen Privilegien erneuert sein.

Allmählich war die Macht des Papstthums nun soweit gediehen, dass es nur eines äusseren Anlasses zur Herstellung der päpstlichen Autonomie bedurfte. Solch ein Anlass war bald gefunden. Der orthodoxe Kaiser Justinian II. wurde Ende October 711 von dem Häretiker Philippikus entthront und ermordet. Von diesem erhielt Papst Constantin bald darauf einen Erlass mit dem Glaubensbekenntnisse des Kaisers. Der Papst verwarf dasselbe [1]), und Papst und Volk von Rom beschlossen, den ketzerischen Philippus garnicht als Kaiser anzuerkennen und weder Edicte von ihm noch Münzen mit seinem Bildnisse anzunehmen noch sein Bild in der Kirche zu dulden oder seinen Namen von der Kanzel herab zu nennen. Als Philippus den Dux Petrus als Statthalter nach Rom sandte, fand er Widerstand. Das römische Volk schaarte sich um den bisherigen Dux Christophorus. Ein Strassenkampf begann, aber der Papst vermittelte einen Waffenstillstand. Petrus erhielt den Dukat von Rom unter der Bedingung, dass er den Römern keinen Widerstand leisten wollte d. h. er verpflichtete sich den orthodoxen Glauben und seine Vorkämpfer zu schonen.

Die eigentliche Katastrophe trat ein, als Leo III., der Isaurier (717—41) nach zehnjähriger friedlicher Regierung [2]) sich den Bilderstürmern anschloss.

Der Dux Basilius, der Chartular Jordanes und der Subdiakon Johannes Lurion verschworen sich im Auftrage des

---

1) L. p. II, 10.
2) Mansi XII, 960. Troya III n. 459 pag. 430.

Kaisers und im Einverständnisse mit dem Dux Marinus von
Rom und dem Exarchen Paulus gegen das Leben des Papstes Gregor II. (716—31)¹). Das Komplott wurde verrathen. Bald darauf zettelte der Exarch Paulus ein neues
Komplott gegen das Leben Gregors an. Und jetzt wird
erst der Grund dieser Komplotte berichtet: auf Gregors
Veranlassung wurden die Steuern in der Provinz verweigert
und die Kirchenschätze in Sicherheit gebracht. Deshalb
wollte man Gregor II. tödten und einen gefügigeren Papst
an seine Stelle setzen. Ueber die Art jener Steuern hat
sich Engelen ²) jüngst ausgelassen. Er wendet sich gegen
Hefele ³) und Döllinger ⁴), welche die Ansicht vertreten, dass
der Widerstand Gregors gegen den Kaiser sich auf dessen
ikonoklastische Häresie, also nur auf kirchliche Dinge bezogen habe. Erst mittelbar durch Gregors Beispiel, nicht
durch seine unmittelbare Einwirkung seien alle Bewohner
Italiens veranlasst, die Steuern zu verweigern ⁵). Engelen
dagegen stützt sich auf Theophanes, der wiederholt ⁶) berichtet, Gregor II. habe Italien zum Abfall von Byzanz verleitet. Engelen glaubt Döllingers Ansicht, dass Theophanes († 818) als späterer und ausländischer Schriftsteller mit
Vorsicht zu benutzen sei, dadurch widerlegen zu können,
dass er sagt, die byzantinischen Interessen seien durch diese
Vorgänge sehr nahe berührt. Aber auch die italischen Ereignisse von 754 und 756 berührten die byzantinischen Interessen sehr nahe, und doch erzählt Theophanes kein Sterbeswörtchen davon. Nur Stephans Reise ins Frankenreich
und die Königskrönung Pippins berichtet er ⁷), aber vor dem
ersten Pontifikatsjahr Gregors II.! Wenn Theophanes auch

---

1) L. p. II, 27 Vita Gregorii II, cap. 14 ff.
2) Engelen, Die ersten Versuche zur Gründung des Kirchenstaates.
Dissertation von Halle 1882 pag. 5 ff.
3) Hefele, Conciliengeschichte III, 353 ff., bs. 358.
4) Döllinger, Papstfabeln des Mittelalters S. 151.
5) Dieser Ansicht folgt auch Baxmann, Politik der Päpste I, 208.
6) Theophanes, Chronographia rec. J. Classen vol. I. pag. 621. 629.
680. 686. (Corp. scr. hist. Byz.).
7) Theoph. Chronogr. pag. 618. 619.

Bilderfreund war, so legte er doch nur die byzantinische Ueberlieferung seinem Berichte zu Grunde, das sieht man auf den ersten Blick aus Allem, was er erzählt, und was er nicht erälht. Dass aber die byzantinischen Zeitgenossen Gregors II. auch die einzelnen inneritalischen Vorgänge genau gekannt hätten, ist höchst unwahrscheinlich. Offenbar wurde von ihnen Gregor II. als der hauptsächlichste Gegner des Kaisers auch für den unmittelbaren Urheber des Abfalls gehalten. Darum ist von Theophanes hier ganz abzusehen. Ausserdem kommt aber nur der Liber pontificalis in Betracht von den darstellenden Quellen. Wir wollen daher aus dem weiteren Berichte des Papstbuches den Thatbestand festzustellen suchen. Der Exarch sandte, um den Widerstand des Volkes zu brechen und den Papst abzusetzen, einen Comes mit Truppen gegen Rom. Allein da erhoben sich nicht nur die Römer, sondern auch die longobardischen Herzöge der Umgegend (die Spoletiner werden besonders erwähnt) und vereitelten das Vorhaben des Exarchen[1]). Kaiser Leo gab dem Papste erwünschte Gelegenheit, noch weiter zu gehn. Ein kaiserlicher Erlass bedrohte ihn mit Absetzung, wenn er den Bilderdienst nicht abschaffte. Da rüstete sich Gregor gegen den Kaiser wie gegen einen Feind und schrieb überallhin, die Christen sollten auf ihrer Hut sein, weil die Gottlosigkeit um sich griffe[2]). Döllinger (a. a. O. S. 154) glaubt auch hier, Gregor habe sich gegen den Kaiser nur mit geistigen Waffen gerüstet, das gehe schon aus den Worten renuens haeresim ejus etc. hervor. Wie kommt aber der Papst dazu, die ganze Christenheit zur Wachsamkeit aufzurufen? Ein Aufruf an die Bischöfe und die übrigen Geistlichen wäre verständlicher. Wir können die Erzählung des Papstbuches nur so auffassen, dass Gregor sich anschickte, die Angriffe des Kaisers mit bewaffneter Hand abzuwehren, und sein Aufruf die übrigen Italie-

---

1) L. p. II, 28.
2) L. p. II, 29: Despiciens ergo vir venerandus profanam principis jussionem, jam contra imperatorem quasi contra hostem se armavit, renuens haeresim ejus, scribens ubique, cavere se Christianos, quod orta fuisset impietas.

ner zur Hülfeleistung und also zum Abfall vom Kaiser bewegen sollte. Diese Auffassung muss Gregors Biograph auch gehabt haben, denn er fährt unmittelbar nach den oben citirten Worten fort: *igitur permoti*[1]) omnes Pentapolenses atque Venetiarum exercitus, contra imperatoris jussionem restiterunt dicentes, „nunquam se in ejusdem pontificis condescendere necem: sed pro ejus magis defensione viriliter decertare", ita ut anathemati Paulum exarchum vel qui eum direxerat[2]) ejusque consentaneos submitterent. Spernentes quoque ordinationes exarchi, sibi omnes ubique in Italia duces elegerunt: atque sic de pontificis deque sua immunitate cuncti studebant. Cognita vero imperatoris nequitia, omnis Italia consilium iniit, ut sibi eligerent imperatorem et Constantinopolim ducerent: sed compescuit tale consilium pontifex, sperans de conversione principis. Der Aufstand Italiens ist also nach dem Papstbuche unzweifelhaft durch Gregors unmittelbare Einwirkung hervorgerufen. Dies macht es in hohem Grade wahrscheinlich, dass auch die Steuerverweigerung Italiens das Werk des Papstes war. Döllinger meint, die Steuerverweigerung habe eine neue und ungerechte Abgabe betroffen. Wir glauben aus der obigen Stelle des Papstbuches erweisen zu können, dass es sich um alle bisherigen Abgaben der Italiener handelte. Atque sic de pontificis deque sua immunitate cuncti studebant: was bedeutet immunitas in diesem Zusammenhange? Nach du Cange kann immunitas ausser „Steuerfreiheit" auch soviel wie protectio oder tutela heissen. Wenn die Italiener aber die Beamten des Exarchen nicht mehr anerkannten und sich selbst ihre Duces wählten, so sorgten sie dadurch viel weniger für ihren Schutz als für ihre Unabhängigkeit. Diese Unabhängigkeit zeigt sich vor allem darin, dass sie keine Steuern mehr nach Constantinopel entrichten. Hier handelt es sich also um keine neuen und ungerechten Abgaben, sondern um die gewöhnlichen in ihrer Gesammtheit. Hätte Gre-

---

1) d. h. durch Gregors Aufruf veranlasst.
2) d. h. den Kaiser.

gors Biograph an der ersten Stelle¹) unter census etwas anderes als die gewöhnlichen Abgaben verstanden, er hätte ihn sicher als novus et inauditus census oder wenigstes als onerosum tributum²) bezeichnet. Hiermit fällt aber auch Döllingers (S. 153) Ansicht, dass die Italiener nur das Beispiel Gregors nachgeahmt hätten, welcher sich zuerst geweigert habe, die neue Steuer von den Patrimonien der römischen Kirche zu entrichten. Gregor ist vielmehr als der bewusste und unmittelbare Urheber des Abfalls vom Kaiser anzusehen, und das erste Stadium dieses Abfalls bestand darin, dass die Italiener auf Gregors Veranlassung die fernere Entrichtung der bisherigen Steuern verweigerten. Mit diesem Vorgehn Gregors steht nicht im Widerspruch, dass er zweimal die Einsetzung eines Gegenkaisers verhindert³) und die Römer ermahnt, von der dem römischen Reiche geschuldeten Treue nicht abzufallen⁴). Eine völlige Lossagung vom Imperium hätte den Papst und ganz Italien den Longobarden in die Hände gegeben, und dies wollte Gregor vermeiden. Aber die Stellung des Kaisers sollte dem Papste und seinem Gebiete gegenüber nicht mehr die eines Herrschers, sondern nur die eines Schutzherren sein. Gregor geht so weit, Leo III. in einem Briefe⁵) einen Umstürzer und schmählichen Feind der Heiligenbilder, einen Nacheiferer des bösen Feindes (aemulator mali) zu nennen. Er zeiht ihn der Thorheit und fordert ihn auf, von seinem kindischen Thun abzulassen. Ein merkwürdiger Gegensatz zu den Briefen des ersten Gregor an die Kaiser (vgl. S. 30). Dass sich die Päpste aber noch bis zum Ende des achten Jahrhunderts zum Verbande des römischen Reiches rechneten, beweist der Umstand, dass sie ihre Urkunden noch immer nach den oströmischen Kaisern datirten⁶). —

---

1) L. p. II, 28.
2) L. p. II, 90 V. Stephani II, cap. 6.
3) L. p. II, 30. 36.
4) L. p. II, 38.
5 Mansi XII, 959 ff. Troya III n. 459 pag. 480.
6) Troya n. 661. 782. 802. 808. 874. 962. „Martens, Die römi-

Die Griechen machten noch viele Versuche, Rom und den römischen Ducat dem Papste zu entreissen, aber alle mislangen. Dagegen blieben Ravenna nebst Umgebung und die Pentapolis noch eine Zeit lang in griechischen Händen.

II.
Patrimonien der römischen Kirche in der Griechenzeit[1]).

Die Kirchengüter entstanden aus den Schenkungen von Kaisern[2]) und Privatleuten[3]). Ursprünglich waren sie ebenso gut steuerpflichtig wie jeder andere Grundbesitz eines Privatmanns[4]). Durch die Benennung Patrimonium erhielten die Kirchengüter eine bevorzugte Stellung vor dem Privatbesitz. Denn sonst hiessen nur die kaiserlichen Güter Pa-

---

sche Frage unter Pippin und Karl dem Grossen" recensirt von Herrn Professor Weiland in der Zeitschrift für Kirchenrecht XVII, 373 ff.

1) Eine wichtige Zusammenstellung derselben findet sich bei Muratori, Antiquitates Italicae V, 827 seqq. (Liber Centii), bs. 833 bis 887 (Honorius I., Gregor II., Zacharias). (Borgia), Breve istoria del dominio temporale della sede apost. nelle due Sicilie. Appendice di documenti pag. 9—12.

2) Procop. Anecd. cap. 13 (Corp. scr. hist. Byz. Procop. vol. III, pag. 83) tadelt Justinian, weil er die Kirchen zu reichlich beschenkte. Ein Gesetz des Justinian von 528 (Cod. Just. I, 2, 19) verfügt die Rechtsgültigkeit der früheren Schenkungen an Kirchen, auch wenn sie nicht urkundlich beglaubigt seien. Dies Gesetz bestätigt Procops Tadel. Was Ranke in seiner Weltgeschichte IV, 2, 285 über die Abfassung von Procops Werke sagt, ist der geringen Benutzung, die wir davon machen, nicht hinderlich.

3) Codex Carolinus (Jaffé, Bibliotheca rerum Germanicarum IV) ep. 61 pag. 200 (Hadrian I.): Sed et cuncta, quae per diversos imperatores, patricios etiam et alios deum timentes pro eorum anime mercedae et venia delictorum in partibus Tusciae, Spoletio seu Benevento atque Corsica simul et Savinensae patrimonio b. Petro apostolo ... concessa sunt ... Unde et plures donationes in sacro nostro scrinio Lateranensae reconditas habemus.

4) L. p. I, 296.

trimonien¹). Die Patrimonien der römischen Kirche wurden verwaltet durch Defensoren, Notare, Subdiakone, Diakone und Presbyter²). Nur das „patrimoniolum Galliae" leitete zur Zeit Pelagius I. und in den ersten Regierungsjahren Gregors des Grossen kein päpstlicher Beamter, sondern der Patricius Galliarum³). Später ordnete Gregor einen seiner homines, einen Presbyter dazu ab⁴). Bisweilen kommt es vor, dass ein Bischof das Patrimonium der römischen Kirche in seiner Diöcese verwaltet⁵). Alle diese Leiter der Kirchengüter führen den gemeinsamen Namen rectores patrimonii⁶).

Die Patrimonien zerfielen in massae oder Gütercomplexe, an deren Spitze ein Defensor oder ein Conductor⁷) oder Erbpächter stand, und diese wieder in fundi oder Güter.

---

1) Procop. bell. Goth. I, 4: τὴν βασίλειον οἰκίαν αὐτὴν, ἣν δὴ πατριμόνιον καλεῖν νενομίκασι (Corp. scr. hist. Byz. Proc. vol. II, pag. 21).

2) Defensor Gr. I. Ep. I, 52. 70. III, 36. IV, 45. VI, 24. VIII, 32. IX, 2. 18. 55. 57. 60. XII, 25. R. p. 1120. 1137. 1241. 1315. 1404. 1567. 1526. 1553. 1562. 1547. 1636. 1654. Notar II, 1. 32. III, 27. R. p. 1094. 1186. 1231. Chartular XIII, 18. R. p. 1887. Subdiakon I, 68. 72. II, 20. 32. III, 1. 22. IX, 30. XII, 20. 21. 22. 23. XIII, 24. XIV, 9. 14. R. p. 1135. 1139. 1175. 1186. 1205. 1226. 1612. 1650. 1652. 1651. 1653. 1646. 1922. 1991. Diakon III, 58. IV, 6. R. p. 1260. 1277. Presbyter VI, 5. VII, 24. R. p. 1384. 1467. Die Unterbeamten der Rectoren hiessen actionarii, actores oder agentes Gr. Ep. I, 55. 73. II, 32. R. p. 1133. 1140. 1186.

3) Brief Pelagius I. an Bischof Sapaudus von Arles bei Migne Patrol. Lat. 69, 407. — Greg. Ep. III, 33. R. p. 1237.

4) Greg. Ep. VI, 5: Gregorius Brunichildae reginae Francorum... Candidum, presbyterum, praesentium portitorem, una cum patrimoniolo, ad cujus eum gubernationem transmisimus, auxilio patrocinii vestri foveatis... Nam non sine laudis vestrae incremento est, quod *post tot tempora* ad ejusdem patrimonii regimen proprius ecclesiae homo transmissus est. R. p. 1384.

5) Greg. Ep. II, 46. IX, 62. XII, 43 (Bischof Johann von Syrakus). IX, 100 (Bischof Sabinian von Gallipoli). R. p. 1198. 1546. 1763. 1733.

6) Gr. Ep. I, 44 und sonst sehr häufig (R. p. 1112).

7) Gr. Ep. V, 31: Gregorius conductoribus massarum per Galliam. R. p. 1346.

In der römischen Kaiserzeit waren conductores domus nostrae oder coloni die unfreien Erbpächter auf den kaiserlichen Gütern[1]). Die Conductores der römischen Kirchengüter waren ebenfalls unfreie Leute[2]), deshalb zog die Kirche nach ihrem Tode häufig ihr Vermögen ein. Gregor I. untersagte dies[3]). Die Unfreiheit der Erbpächter bot den Päpsten den Vortheil, dass sie die Aufsicht über ihre Güter behielten. Allein nicht alle Patrimonien wurden von Conductoren verwaltet, sondern Hunderte derselben an Freie aller Stände verpachtet. Die päpstlichen Register bieten hierfür Beweise in Hülle und Fülle[4]).

Ich will nun die einzelnen Patrimonien aufzählen.

Ich beginne mit der Stadt Rom. Gregor I. schenkt Haus und Garten in der Stadt an die Aebtissin Flora[5]). Honorius I. bewilligt dem Subdiakon Gratiosus ein Haus mit Garten bei den Warmbädern des Diocletian am Quirinalis[6]). Derselbe Papst verpachtet[7]) an einen gewissen Dominicus Ländereien, Weinberge und Wiesen vor dem Flaminischen Thore bis zur Molvischen Brücke.

In der nächsten Umgebung von Rom lagen vier Patrimonien[8]): im Süden zwischen der Via Appia, Labicana

---

1) Marquardt-Mommsen V, 250. 251. CIL VIII, 1, 997 und öfter.

2) Gr. Ep. I, 44 pag. 589: Felix conductor domnae Campanae quem liberum reliquerat; vgl. Anm. 8.

3) Gr. Ep. I, 44 (pag. 535). R. p. 1112.

4) z. B. das Register Gregors II. Muratori, Antiq. Ital. V, 834 ff. Jaffé, Regesta pontificum Romanorum. 2. Aufl. Nr. 2190 ff.

5) Gr. Ep. III, 17. R. p. 1221. Das Patrimonium der Stadt Rom wird patrimonium urbanum genannt in einer Inschrift des Papstes Sergius I. (687—701), worin auch eine Anzahl anderer päpstlicher Besitzungen in der Stadt Rom aufgezählt werden. G. B. de Rossi, Bullettino di archeologia cristiana, secondo serie anno primo pag. 94. Reg. pont. 2135.

6) Migne 80, 480 ep. 11. Reg. pont. 2011.

7) Reg. pont. 2082.

8) Gregorovius II, 60. Westphal, Die römische Kampagne. Karten z. B. in CIL IX, tab. 3. 4 etc.

und dem Meere das *Patrimonium Appiae*[1]), weiter nach Osten zwischen der Via Labicana und dem Anio das *Labicanense*[2]). Daran schloss sich zwischen dem Anio oder der Via Tiburtina und der Tiber das *Tiburtinum*[3]), und im Norden der Stadt das *Patrimonium Tusciae*. Dieses zerfiel zur Zeit Gregors II. in das suburbanum patrimonium Tusciae[4]) und in das patrimonium Tusciae[5]). In früherer und späterer Zeit findet sich nur die Bezeichnung patrimonium Tusciae sowohl für die näheren wie für die entfernteren Güter. Das Patrimonium von Tuscien hatte eine sehr weite Ausdehnung. Honorius I. verpachtete im Jahre 626 dem Notar Servusdei das casale Aurelianum positum via Portuensi juxta sanctos Abdon et Sennen am unteren Laufe der Tiber[6]). Derselbe Papst verpachtet ein andermal an den Defensor Epiphanius von Tuscien die massa Stracesis im Gebiete von

---

1) Gr. Ep. XIV, 14 (R. p. 1991) erwähnt darin die massa Aquas Salvias (Westphal pag. 12) cum omnibus fundis suis. Vgl. ferner Reg. pont. 2125. 2197. 2206. 2208. 2209. 2211. 2221. 2223. 2224. 2227 (fundum Flabis et fundum Horrea, sita V. miliar. ab urbe Roma via Latina). Papst Zacharias (741—751) erwarb die massae Antius und Formias käuflich, von denen die erstere im Patrimonium Appiä, die letztere im Patrimonium von Gaëta lag L. p. II, 82. Derselbe Papst erhielt vom Kaiser Constantin Copronymus die Domänen Nymphas am Nymphäusfluss (Ninfer, Westphal S. 47) und Normias bei der Stadt Norma zum Geschenk L. p. II, 77. Beide Domänen müssen ihrer Lage nach zum Patrimonium Appiä geschlagen sein. Rossi, Bullettino pag. 93 (bei Aricia? und an der Via Latina). Reg. p. 2204 (Poffi bei Frosinone, Westphal pag. 78). L. p. II, 204. 210.

2) Hierzu gehörten Güter im Gebiete von Palestrina und Anagni Reg. pont. 2190. 2194. 2195. 2200. 2202. 2203. 2210. 2212. 2213. 2220. 2225. 2297. 2298 (Güter bei Gabii). 2229. 2301. Rossi, Bullettino pag. 93 fundum Caesarianum (Genazzano, Westph. p. 105).

3) Reg. pont. 2201. 2220. 2226. 2228. 2302. Dem Papste Zacharias vermachte ein gewisser Theodorus sein Landgut an der Via Tiburtina L. p. II, 81.

4) R. p. 2219 und 2196 (Güter an der via Aurelia 10 röm. Meilen von Rom). 2198 (7 Meilen von Rom). Suburbanum patrim. Appiae 2211.

5) R. p. 2191 und öfter.

6) R. p. 2013.

Civitavecchia am Meere[1]) und an denselben die massa Graciliana bei Bieda nordwestlich vom Sabatiner See[2]). In derselben Gegend im Gebiete von Forum Clodii lagen noch andere Güter[3]). Gregor II. verpachtete an das Kloster des heiligen Silvester auf dem Soracteberge ein Gut in der Feldmark von Civita Castellana[4]), nicht weit davon lagen die römischen Kirchengüter von Nepi, welche unter Sergius I. (687—701) erwähnt werden[5]). Das Grosse Thal bei Sutri restaurirte König Liutprand 741 an Zacharias[6]).

In der Gegend von Rieti, im Gebiete des longobardischen Herzogthums Spoleto lag das *Patrimonium Sabinense*. Nach Gregor dem Grossen[7]) stand es mit dem Patrimonium von Carsoli unter einem Defensor. Unter Sergius I. wird es in der öfter citirten Inschrift[8]) genannt. Einen Theil dieses Patrimoniums bildete wohl das von Rieti. Im achten Jahrhundert war das Patrimonium Sabinense dreissig Jahre lang in den Händen der Longobarden, erst Zacharias erhielt es zurück[9]). Später eroberten es die Langobarden wieder und nach Zerstörung ihres Reiches gelangte es in die Hände Karls des Grossen. Papst Hadrian I. (772—795) machte nun seine Ansprüche geltend, und hochbejahrte Leute mussten dieselben beschwören[10]). Wenn man dem Privilegium Ludwigs des Frommen von 817[11]) trauen darf, so hat Hadrian das Patrimonium wirklich zurückerhalten.

---

1) R. p. 2036.
2) R. p. 2031.
3) R. p. 2191. 2199.
4) R. p. 2207.
5) Rossi, Bulletino pag. 93.
6) L. p. II, 64.
7) Gr. ep. III, 21. (XII, 46). R. p. 1225 (1623).
8) Rossi, Bullettino pag. 93.
9) L. p. II, 64: Sabinense quoque patrimonium, quod per annos prope triginta fuerat ei ablatum, Narniense etiam et Auximanum nec non Anconitanum atque Numanatem et vallem, quae vocatur Magna, sitam in territorio Sutrino per donationis titulum ipsi b. Petro .. reddidit.
10) Cod. Carolinus ed. Jaffé ep. 70—74.
11) Mon. Germ. Leges II, 2, 10.

Von den Patrimonien in *Picenum*, welches ebenfalls zum Herzogthum Spoleto gehörte, und in der *Pentapolis* erfahren wir nur wenig. Jenes wird unter Pelagius I. (555—560) erwähnt. Der Bischof Julian von Cingulum hatte es damals für 500 Solidi (6125 Mark) gepachtet[1]. Unter Honorius I. (625—638) besass die römische Kirche das Kloster S. Angeli in Clajano bei Fermo[2]. Die römischen Patrimonien bei Osimo und Umana wurden im achten Jahrhundert von den Longobarden weggenommen, König Liutprand gab sie jedoch dem Papste Zararias zurück und stellte ihm hierüber eine Urkunde aus[3]. In diese Restitution war auch das Patrimonium von Ancona eingeschlossen, der südlichsten Stadt der Pentapolis. Ausser diesem wird meines Wissens nur noch ein Patrimonium in der Pentapolis erwähnt, und zwar das von Montefeltro. Es bestand in den beiden Klöstern des heil. Leo „confessoris et pontificis" und des heil. Severin mit allen ihren Pertinenzen. Beide lagen in der Stadt Montefeltro[4].

Weiter nach Norden kommen wir in das **ravennatische Patrimonium** der römischen Kirche, dessen Rector der jedesmalige päpstliche Gesandte beim Exarchen war. Nach dem Registrum Gregors II.[5] gehörten Landgüter in der Gegend von Cesena dazu: Idem in eodem Constantinae honestae feminae locat ut supra fundum Salianum cum omnibus suis pertinentiis situm in territorio Cesinate ad montem qui dicitur Lucati ab uno latere situm juxta fundum Carbasianum, ab alio fundum Anianum, a tertio latere fundus qui dicitur Gumaris ex corpore patrimonii Ravennatis juris Romanae ecclesiae praestat annuatim ʒ[6] 1 aur. solid.

Die Besitzungen der römischen Kirche in **Oberitalien** müssen alle gleich beim Einfalle der Longobarden oder bei

---

1) Migne, Patrol. Lat. 69, 417. Reg. pont. 953.
2) R. p. 2033.
3) L. p. II, 64.
4) R. p. 2193.
5) Reg. pont. 2192.
6) ʒ = unleserlich? Vgl. Muratori Antiq. It. V, 828.

ihrem weiteren Vordringen verloren gegangen sein. Wir hören nur noch von einem Patrimonium in dieser Gegend, von dem in den Cottischen Alpen, und auch dieses war vor langer Zeit der römischen Kirche von den Longobarden entrissen. König Aripert II. (701—712) gab es dem Papste Johannes VII. (705—707) zurück. Die mit goldenen Buchstaben geschriebene Restitutionsurkunde Ariperts bewahrte man im päpstlichen Archiv auf[1]). König Liutprand bestätigte dem zweiten Gregor die Restitution[2]).

Jenseits der Alpen befand sich ein gallisches Patrimonium, welches Gregor der Grosse mit Vorliebe patrimoniolum nennt[3]). Sein Umfang ist also nicht bedeutend gewesen. Die früheste Erwähnung desselben findet sich in einem Briefe des Pelagius (555—560) an Bischof Sabaudus von Arles[4]). Dieser soll den Patricius von Gallien Placidus veranlassen, die aus den Besitzungen der Kirche eingegangenen Gelder nach Rom zu schicken, weil die italischen Güter ganz verlassen wären. Gregor empfiehlt dem Rector des gallischen Patrimoniums nur an südfranzösische Bischöfe, nemlich die von Tournus, Massilia[5]), Arles[6]), Vienne, Autun[7]) und Aix[8]). Das Patrimonium wird also in Südfrankreich gelegen haben, vielleicht an der unteren Rhone.

Die Lage und Ausdehnung des römischen Patrimoniums in Illyrien[9]) und Dalmatien[10]) ist mir nicht klar. Zu

---

1) L. p. I, 319.

2) L. p. II, 17. Pauli Diaconi Historia Longobardorum VI, 43. (Mon. Germ. Scriptores rerum Langobardicarum et Italicarum).

3) Gr. Ep. III, 33. V, 31. VI, 5. 6. 52. 53. 54. 55. 57. 57. 58. VII, 24. R. p. 1287. 1346. 1384. 1385. 1435. 1437. 1438. 1439. 1441. 1441. 1432. 1467.

4) Migne 69, 404. Reg. pont. 943.

5) Gr. Ep. VI, 52. R. p. 1435.

6) Gr. Ep. VI, 53. R. p. 1437.

7) Gr. Ep. VI, 54. R. p. 1438.

8) Gr. Ep. VI, 55. R. p. 1439.

9) Gr. Ep. II, 21. R. p. 1176.

10) Reg. pont. 923. Gr. Ep. II, 20. III, 9. 22. 82. R. p. 1175. 1213. 1226. 1286.

letzterem gehörten Besitzungen in Salona, der Hauptstadt von Dalmatien¹) und Epidaurus. Vielleicht darf man aber das dalmatinische Patrimonium von dem illyrischen nicht unterscheiden, denn Dalmatien war nur eine Küstenlandschaft der Provinz Illyricum, und bald nach Augustus Tode wurde die Provinz Illyricum gewöhnlich Dalmatia genannt²).

Wir gehn zu den Patrimonien des Südens über.

Zum **campanischen Patrimonium** gehörte sowohl Grundbesitz in Venafro, an der äussersten Grenze von Samnium³) wie bei Minturnä⁴) und Gaëta am Meere⁵). Dieser nördliche Theil wird als patrimonium Cajetanum⁵) bezeichnet, der südliche als patrimonium Neapolitanum oder patrimonium Campaniae Neapolitanum⁶). Der Sitz des Rectors war Neapel⁷) wir glauben daher nicht, dass die Kirchengüter in der Umgegend von Rom (im römischen Campanien) ihm unterstellt waren. Theodimus subdiaconus et rector (sc. patrimonii Neapolitani) vertrieb zusammen mit dem Dux Johannes von Neapel (711—719) die Longobarden aus Cumä⁸). Baronius⁹) gibt zum Jahre 715 die in Neapel gefundene Grabschrift dieses Theodimus: Hic in pace membra sunt posita Theodimi subd. reg. et rect. sce. sed. apost. et disp(ensatoris) hujus diac. beati Andreae ... Zum Patrimonium Neapolitanum gehörte ein Ort Icaonia, dessen Lage ich nicht feststellen konnte¹⁰), ferner das Kloster des heil. Pancratius und ein See extra castrum Mesenate (Vorgebirge Misenum?)¹¹), die ganze Insel Capri mit dem Kloster des

---

1) Const. Porphyrogen. de adm. imp. cap. 80 (Migne 113, 272): Ὑπῆρχε δὲ τὸ τοιοῦτον κάστρον (Σαλῶνα) κεφαλὴ πάσης τῆς Δελματίας. (Corp. script. hist. Byz. Const. Porph. vol. III, pag. 141).
2) Marquardt-Mommsen IV, 144.
3) Gr. Ep. I, 68. R. p. 1135.
4) R. p. 1044. Gr. ep. IX, 30. R. p. 162.
5) Reg. pont. 2214. 2300.
6) R. p. 2217. 2218.
7) Gr. Ep. IX, 30. R. p. 1612.
8) L. p. II, 21 V. Greg. II, cap. 7.
9) Baronius, Ann. Eccles. XII, 259.
10) Reg. pont. 2213.
11) R. p. 2222.

heil. Stephan¹), unterhalb der Insel casale, quod dicitur Castro Majore (Majori bei Salerno?), et casale, qui dicitur Ninfise²) und ausserdem das Kloster des heil. Martin in Sorrento mit allem Zubehör³). Unter dem Papste Paul I. (757—767) nahmen die Neapolitaner und Cajetaner⁴) die Patrimonien von Neapel in Besitz. König Pippin verwandte sich bei dem Longobardenkönige Desiderius, welcher dabei offenbar die Hand im Spiele gehabt hatte, für die Herausgabe derselben⁵). Aber noch Hadrian I. bat im Jahre 779 oder 780 Karl den Grossen, ihm diese Patrimonien durch die Eroberung von Gaëta und Neapel zurückzugewinnen⁶). Auch diese Bitte hatte keinen Erfolg.

Im alten Samnium lag das Patrimonium von Benevent. Die Longobarden hatten dasselbe eingezogen. Stephan III. (768—772) lobt in einem Briefe an Karl den Grossen⁷) den Grafen Ittherius, der keine Mühe gescheut habe, das Patrimonium wieder in die Hand des Papstes zu legen. Trotzdem erhielt er es nicht zurück. Papst Hadrian I. hätte es wiedererlangt, wenn er nicht auch die Herrschaft über die Bewohner beansprucht hätte⁸). Diese wollten ihm die Franken nicht einräumen, und so wies Hadrian das ganze Patrimonium zurück. Das Privileg Ludwigs des Frommen von 817⁹) garantirt indessen dem Papste den Besitz desselben.

Ueber die Patrimonien in Apulien¹⁰) und in Brut-

---

1) R. p. 2216, vgl. Gr. I. Ep. IX, 9. R. p. 1680.
2) R. p. 2217.
3) R. p. 2205.
4) Gaëta war damals die Residenz des griechischen Patricius von Sicilien. Cod. Car. ep. 62 pag. 202.
5) Cod. Car. ep. 87 pag. 188.
6) Cod. Car. ep. 66 pag. 209.
7) Cod. Car. ep. 48 pag. 165.
8) Cod. Car. ep. 87 pag. 264.
9) Mon. Germ. Leges II, 2, 10.
10) Lucius Defensor des Patrimoniums von Apulien wird erwähnt in der Brittischen Briefsamml. Pelagii Ep. 50 N. A. V, 556. Reg. pont. 1022.

tium¹) vermögen wir nichts von Belang vorzubringen. Nur das verdient angeführt zu werden, dass unter dem Pontificat des Conon (686—687) der Kaiser Justinian die Rückgabe der Sklaven des bruttischen, lucanischen und sicilischen Patrimoniums veranlasste, welche von den Beamten als Pfänder festgehalten wurden. Derselbe Kaiser erliess dem bruttischen und lucanischen Patrimonium die Steuern²).

Unter Conons Vorgänger Johannes V. (685—686) hatte das **sicilische** und **calabrische** Patrimonium dieselbe Gunst erfahren³). Gregor I. nahm für das calabrische Patrimonium die Städte Otranto und Gallipoli in Anspruch⁴). Als Gregor II. abgefallen war, und alle Versuche, ihn zu unterwerfen, mislangen, da zog Leo III. die Patrimonien in Calabrien und Sicilien ein⁵).

Die Einziehung des **sicilischen Patrimoniums** musste der Papst besonders schmerzlich empfinden, denn es war das grösste und reichste von allen. Sicilien war noch immer die Kornkammer Roms. Im elften Jahre des Gothenkriegs (545) sandte Papst Vigilius aus Sicilien Getreide nach Rom, welches aber den Gothen in die Hände fiel⁶). Dies wird wohl den Ertrag des sicilischen Patrimoniums gebildet haben. Alljährlich im September oder October wurde von

---

1) Gr. Ep. XII, 20. 21. 22. 23. 46. XIII, 24. 25. XIV, 9. R. p. 1650. 1652. 1651. 1653. 1625. 1646. 1648. 1922.

2) L. p. I, 300: Hujus quoque temporibus pietas imperialis relevavit per sacram jussionem suam ducenta annonae capita, quae custodes patrimonii Brutiae et Lucaniae annue persolvebant. Itemque et aliam jussionem direxit, ut restituerentur familiae suprascripti patrimonii et Siciliae, quae in pignore a militia detinebantur.

3) L. p. I, 296: ... nec non et alias divales jussiones, relevantes annonae capita patrimoniorum Siciliae et Calabriae non parva.

4) Gr. Ep. IX, 99: scitis enim, quod locus ipse ecclesiae nostrae sit proprius. IX, 100: quia et locus ipse nostrae, sicut cunctis notum est, ecclesiae esse dignoscitur. R. p. 1732. 1733.

5) Theophanes Chronographia ed. Classen pag. 844. Die Griechen verstehn unter Calabrien ganz Süditalien.

6) Procop. de bell. Goth. III, 15. (Corp. scr. hist. Byz. Proc. vol. II, p. 339).

den Rectoren der sicilischen Patrimonien eine ganze Getreideflotte nach Rom abgeschickt[1]). An derselben Stelle, wo Gregor I. dies berichtet, erwähnt er auch, dass der Rector des sicilischen Patrimoniums ausser der bedeutenden Getreidemenge[2]) fünfzig Pfund Gold aufzubringen habe. Dies war eine einmalige Leistung. Theophanes erzählt am angegebenen Orte, dass der Kaiser durch die Einziehung der sicilischen und calabrischen Patrimonien seine jährlichen Einkünfte um dreieinhalb Talente vermehrt habe. — Das sicilische Patrimonium zerfiel in zwei Theile, den nördlichen mit der Hauptstadt Panormus und den südöstlichen mit der Hauptstadt Syrakus[3]). Das Gebiet des letzteren können wir annähernd bestimmen. Gregor der Grosse schreibt[4]) einmal an den Defensor Romanus: patrimonium sanctae Romanae ecclesiae in partibus Syracusanis, Catinensibus, Agrigentinis vel Milensibus[5]) constitutum a praesenti II. indictione gubernationi tuae praevidimus committendum. In Catania waltete auch ein Defensor, welcher natürlich dem Romanus, dem Defensor in Syrakus, untergeordnet war[6]). Vielleicht hatte der in der Brittischen Briefsammlung[7]) genannte Defensor Opilio ebenfalls in Catania seinen Sitz, und der Ep. 28 und 31 erwähnte Defensor Johannes in Taormina, wo Güter der römischen Kirche auch anderweitig bezeugt sind[8]). Im Gebiete von Panormus werden nur einige Landgüter erwähnt[9]).

Die Patrimonien von Sardinien und Korsika finden in den Quellen nur geringe Berücksichtigung. Der Defensor für Sardinien hatte seinen Sitz in Cagliari an der Südküste

---

1) Gr. Ep. I, 72. R. p. 1139.
2) mense februario illuc naves quantas possumus dirigamus et eadem ad nos frumenta deferantur.
3) Gr. Ep. II, 32. R. p. 1186.
4) Gr. Ep. IX, 18. R. p. 1558.
5) Milazzo (Mylae) an der Nordostküste.
6) Gr. Ep. VIII, 32. R. p. 1567.
7) Pelagii Ep. 29 N. A. V, 548.
8) Gr. Ep. I, 78. R. p. 1140.
9) Gr. Ep. IX, 23. R. p. 1556.

der Insel¹). Ein Landgut der römischen Kirche in Korsika hiess Cellas Cupias in loco Nigeuno²). Papst Hadrian I. (772—795) hatte das korsische Patrimonium, welches gewiss längst verloren gegangen war, noch nicht vergessen³).

III.
Die päpstlichen Gebietserwerbungen im achten Jahrhundert.

Als Einleitung zu diesem Kapitel erörtern wir einige geographische Begriffe, über deren Bedeutung in neuerer Zeit Zweifel aufgetaucht sind.

Kaiser Diocletian (284—305) theilte Italien in folgende zwölf Provinzen: 1. Raetia. 2. Venetia et Histria. 3. Aemilia et Liguria. 4. Alpes Cottiae. 5. Flaminia et Picenum. 6. Tuscia et Umbria. 7. Campania et Bruttii. 10. Corsica. 11. Sardinia. 12. Sicilia⁴). Im 4. und 5. Jahrhundert treten, wie wir Seite 14, besonders Anmerkung 1, aus den Inschriften gezeigt haben, keine Veränderungen in dieser Eintheilung ein, für Raetia, Alpes Cottiae und Corsica fehlen wohl nur durch Zufall die Belege. Am Anfang des 6. Jahrhunderts giebt uns Cassiodor von dem Weiterbestehn einiger der diocletianischen Provinzen Nachricht, nemlich von Liguria, wozu Comum gehörte⁵), Samnium⁶), Campania⁷), Tuscia⁸), Lucania und Bruttium⁹), Venetia¹⁰), Istria¹¹). Hiernach scheinen zu Cassiodors Zeit Samnium und Campania,

---

1) Gr. Ep. IX, 2. III, 36. R. p. 1526. 1241.
2) Gr. Ep. VI, 22. R. p. 1402.
3) Cod. Car. ep. 61 pag. 200.
4) Marquardt-Mommsen IV, 83 ff. Mommsen, Die Quellen der Langobardengeschichte des Paulus Diaconus im N. A. V, 84.
5) Cass. Var. XI, 14. XII, 8.
6) Var. XI, 36.
7) Var. XI, 37.
8) Var. XI, 38.
9) Var. XI, 39. XII, 12. 14. 15.
10) Var. XII, 4. 7.
11) Var. XII, 22.

Venetia und Istria und vielleicht auch Tuscia und Umbria in zwei Provinzen zerlegt gewesen zu sein. Wenig später gibt uns Procop als Einleitung zu seiner Geschichte des Gothenkriegs[1]) eine geographische Beschreibung Italiens, das er um Ravenna gruppirt. Von Ravenna bis zum Tyrrhenischen Meere rechnet er einen Marsch von acht Tagen für einen rüstigen Mann.

An der Ostseite Italiens erwähnt er zuerst die Stadt Dryus, welche zu seiner Zeit Hydrus genannt wurde[2]). Rechts von ihr wohnen die Kalabrer, Apulier und Samniten, an welche sich die Picenter bis Ravenna anschliessen. An der anderen Seite wohnt der Rest der Kalabrer und ausserdem die Bruttier und Lucanier. Auf diese folgen die Kampaner, welche bis Terracina wohnen, und dann beginnt das Gebiet von Rom. Diese Völkerschaften nehmen die Küste beider Meere und das Binnenland dazwischen ein. Dies ist das Land, welches früher Grossgriechenland hiess. In Bruttium liegt Locri Epizephyrii, Kroton und Thurii. Dann geht er zum Norden Italiens über. An Dalmatien schliesst sich Liburnien, Istrien und das Land der Veneter, welches sich bis Ravenna erstreckt. Westlich von Ravenna wohnen am linken Poufer die Ligurer, am rechten liegen Aemilia und Tuscien, das sich bis zur Nordgrenze des römischen Gebiets ausdehnt.

Auffällig ist, dass Procop die Nordgrenze Campaniens in die Gegend von Terracina verlegt und dort das Gebiet von Rom beginnen lässt. Er hat sich dabei von der Rücksicht auf die getrennte Verwaltung Campaniens und des römischen Gebiets oder von antiken Reminiscenzen leiten lassen, welche auch in der Erwähnung von Grossgriechenland hervortreten. Denn schon lange wurde dem geographischen Begriff Campanien eine weit grössere Ausdehnung gegeben. Mommsen hat über die Bedeutung dieses Begriffs kürzlich gehandelt[3]). Er weist nach, dass seit dem 4. Jahrhundert

---

1) Procop de bell. Goth. I, 8. (Corp. scr. hist. Byz. Proc. vol. II, p. 8).
2) Otranto (Hydruntum).
3) CIL X, 1, pag. 499.

n. Chr. nicht nur das alte Campanien, sondern auch das alte Latium als Campania bezeichnet wurde. Dass diese Bedeutung von Campania sich seitdem nicht änderte, will ich an einigen Beispielen aus dem Papstbuche beweisen. Vita Soteris (161—170) cap. 1[1]): Soter natione Campanus ex patre Concordio de civitate Fundis. V. Anteri (235) cap. 3[2]): in civitate Fundis Campaniae. V. Bonifacii I. (418—21) c. 4[3]): In eodem loco Campaniae (wahrscheinlich Nepi). V. Hormisdae (514—22) c. 1[4]): Hormisda natione Campanus ex patre Justo de civitate Frusinone. V. Silverii (536—37) c. 3[5]): in partes Campaniae juxta civitatem Neapolim. V. Vitaliani (657—71) c. 1[6]): Vitalianus natione Signiensis provinciae Campaniae. V. Stephani III. (768—71) c. 14[7]): Alatrum partis Campaniae. V. Hadriani I. (772—95) c. 11[8]): in Campaniam in civitatem Anagninam. V. Stephani III c. 17[9]): Stephanus sanctissimus papa congregavit diversos episcopos Tusciae atque Campaniae et aliquantos istius Italiae provinciae. Das Verzeichnis derjenigen Bischöfe, welche an diesem Concil von 769 theilnahmen, ist[10]) erhalten, aber kein einziger Bischof Campaniens im antiken Sinne des Wortes kommt darin vor. Die Bischöfe folgender campanischer Städte waren dabei vertreten: Ostia, Ferentino, Segni, Anagni, Tivoli, Tres Taberna, Piperno, Alatri, Trevi, Albano, Portus, Velletri.

Nach der Zeit des Procop haben wir zwei Verzeichnisse der Provinzen Italiens, das des Paulus Diaconus[11]) und den

---

1) L. p. I, 31. Ein Beweis, dass diese Vita erst lange nach dem Tode des Soter verfasst ist. Ebenso beim folgenden Papste.
2) L. p. I, 43.
3) L. p. I, 187.
4) L. p. I, 181.
5) L. p. I, 206. Ebenso I, 228. 241.
6) L. p. I, 267.
7) L. p. II, 144.
8) L. p. II, 170.
9) L. p. II, 147.
10) Mansi, Conciliorum collectio XII, 714. 715.
11) Paul. Diac. Hist. Langob. II, 20. M. G. SS. rer. Lang. et Ital.

Madrider Katalog[1]). Ich halte den letzteren mit Waitz[2]) für die Quelle des Paulus Diaconus. Der Madrider Katalog, welcher mit wenigen Aenderungen die diocletianische Eintheilung bringt, ist dadurch wichtig, dass er die Grenzen der Provinzen und die wichtigsten Städte in denselben angibt. So rechnet er Rom zu Tuscien und begrenzt Campanien ab urbe Roma usque ad Siler Lucanie fluvium. Die Provinz Emilia bestimmt er so: incipiens a Liguria provincia inter Alpes Apenninas et Padi fluenta versus Ravennam pergit. Er weist ihr zu Plagentia, Regio, Boonia, Foro Cornelii, cujus castrum Imola appellatur. Flaminea verlegt er inter Alpes Apenninas et mare Adriaticum. Darin liegen Ravenna et quinque aliae civitates, quae Greco vocabulo Pentapolim appellantur. Welche fünf Städte haben wir aber unter dieser Pentapolis zu verstehn? Vignoli[3]) beantwortet diese Frage folgendermassen: Hic (ducatus Pentapolitanus) pars una exarchatus Ravennae erat, civitatem ipsam Ravennam comprehendens, quae cum Caesena, Classe, Foro Livii et Foro Pompilii quinarium numerum conficiens, Pentapolis Graeca voce nominabatur. Diese Ansicht wird nicht nur durch den Madrider Katalog widerlegt, der deutlich sagt: „Ravenna und fünf andere Städte, welche Pentapolis genannt werden", sondern auch durch die Worte der Vita Sergii (cap. 7), welche Vignoli erklären will: excitatum est cor Ravennatis militiae, ducatus etiam Pentapolitani et circumquaque partium. Muratori[4]) und nach ihm Hefele[5]) verstehn unter Pentapolis die Städte Rimini, Pesaro, Fano, Umana und Ancona. Für Rimini lässt sich aus den Briefen Hadrians I.[6]) ein Beweis erbringen: De reliquis vero civitatibus utrarumque Pentapoleos, ab Arimino usque Eguvium. Hier ist nun gar von einer doppelten Pentapolis die Rede.

---

1) M. G. SS. rer. Lang. et Ital. pag. 188.
2) N. A. V, 415 ff. gegen Mommsen N. A. V, 84 ff.
3) L. p. I, 808 Anm. 6.
4) Muratori, Geschichte von Italien. Leipzig 1746. IV, 289.
5) Hefele, Conciliengeschichte III, 357.
6) Cod. Car. ep. 56 pag. 187.

Sämmtliche Städte der Pentapolis nennt uns nur das Privileg Ludwigs des frommen von 817 ¹). Es verdient um so mehr Glauben, da es dieselbe Anfangs- und Endstadt nennt, wie Hadrian I. in seinem Briefe: Ariminum (Rimini), Pisaurum (Pesaro), Fanum (Fano), Senegallia (Sinigaglia), Ancona, Auximum (Osimo), Humana (Umana), Aesis (Jesi), Forumsempronii (Fossombrone), Montemferetrum (Montefeltro), Urbinum (Urbino), das Territorium Valvense, Callis (Cagli), Luceoli und Eugubium (Gubbio). Die fünf ersten Städte sind nicht ohne Grund vorangestellt, sie sind gewöhnlich unter der Pentapolis zu verstehn. Sie sind alle fünf Seestädte, entsprechen also der Bezeichnung Pauls I.: Pentapoleos maritimae civitates ²). Ancona wird im Berichte des Liber pontificalis über die Schenkung Pippins ³) garnicht erwähnt. Von den übrigen 10 Orten im Privileg Ludwigs, welche alle im Binnenlande liegen, nennt das Papstbuch Osimo, Umana, Fossombrone und das Territorium Valvense nicht. Die fünf hauptsächlichsten von diesen neun Städten des Binnenlandes muss Hadrian mit der zweiten Pentapolis gemeint haben. Das Papstbuch ⁴) rechnet den Ducat von Perusia zur Pentapolis, nach dem Privileg Ludwigs dagegen gehört er zum römischen Tuscien.

Neben der Pentapolis wird im achten Jahrhundert häufig der Exarchat von Ravenna genannt. Dies ist Ravenna und die Emilia. Eine Anzahl Städte der Emilia nennt uns ein Brief Hadrians I. ⁵): de aliis civitatibus Emiliae (ausser Gabellum) i. e. Faventias, ducatus Ferrariae, Comiaclo, Forumpopuli, Cesinas et Bobio seu Tribunatum decimo. Ein anderer Brief Hadrians ⁶) fügt Imula und Bononia hinzu. Vergleichen wir wieder das Privileg Ludwigs des Frommen, so erwähnt dasselbe zehn von diesen elf Städten

---

1) M. G. Leges II, 2, 9.
2) Cod. Car. ep. 30 pag. 112.
3) L. p. II, 121.
4) L. p. II, 79.
5) Cod. Car. ep. 56 pag. 187.
6) Cod. Car. ep. 51 pag. 171.

der Emilia, nur statt des Tribunatus Decimo[1]) setzt es Adria. Es ist nicht unmöglich, dass beide identisch sind. Adria steht an zehnter Stelle unter den im Privileg aufgezählten Städten der Emilia. Wahrscheinlich stand jede derselben unter einem Tribunen, sodass die ganze Emilia in zehn Tribunate zerfiel[2]), welchen officiell eine bestimmte Reihenfolge gegeben wurde. Das zehnte Tribunat bildete dann die Stadt Adria. Ravenna, die Residenz des Exarchen, tritt stets selbständig neben der Emilia auf[3]). Ursprünglich gehörte es auch, wie wir oben gesehen haben, nicht zur Emilia, war aber schon sehr früh hinzugekommen. So sagt eine Inschrift vom Jahre 399[4]): Cronio Eusebio v. c. consulari Aemiliae, addita praedictae provinciae contuitu, vigilantiae et justitiae ejus etiam Ravennatium civitate, quae antea Piceni caput provinciae videbatur.

Der dritte neue Landschaftsname des achten Jahrhunderts ist *ducatus Romanus*. Ueber dessen Umfang hat Sickel[5]) neuerdings Zweifel geäussert. Am besten beseitigt dieselben die Vita Stephani III. (768—71) cap. 14[6]), wo der Heerbann des römischen Ducats so umschrieben wird: exercitus Romanae urbis seu Tusciae et Campaniae. Aber Tuscien und Campanien sind hier nicht in ihrer vollen Aus-

---

1) Hegel, Städteverfassung von Ital. I, 233 Anm. 1.

2) Ferrara dagegen als elfte Stadt wurde von keinem Tribunen, sondern von einem Dux verwaltet. Denn im Cod. Car. ep. 51 und 56 heisst es ducatus Ferrariae, ebenso Lib. pont. II, 124 V. Steph. II c. 51. Gregor II. meint wahrscheinlich die 10 Tribunenstädte, wenn er an Leo III. schreibt: Longobardi et Sarmatae ceterique, qui ad septentrionem habitant, miseram *Decapolim* incursionibus infestarunt ipsamque metropolim Ravennam occuparunt. Mansi XII, 1969. Troya III, 454 pag. 433.

3) z. B. Cod. Car. ep. 55 pag. 184 et nullum ex Ravinianis vel Aemiliae.

4) CIL VI, 1, 1715.

5) Th. Sickel, Das Privileg Ottos I. für die römische Kirche vom Jahr 661. S. 26 zweifelt er, ob das römische Campanien einen Theil des Ducats gebildet, und S. 121 nimmt er an, dass das römische Tuscien nicht mit zum Ducate gehört habe. Was bliebe dann aber übrig?

6) L. p. II, 144.

dehnung gemeint. Nur von den tuscischen Städten Amelia, Orte, Bomarzo, Bieda und Gallise wird für die Zeit des Zacharias im Papstbuche ihre Zugehörigkeit zum römischen Ducat bezeugt [1]. Papst Stephan III. versammelt 769 im Lateran ein Concil, auf welchem nach dem Liber pontificalis [2]) unter anderen auch die Bischöfe Tusciens und Campaniens vertreten waren. Aus Campanien waren nach den Concilsakten [3]) anwesend die Bischöfe von Ostia, Ferentinum, Signia, Anagnia, Tibur, Tres Tabernä, Privernum, Alatrum, Trevi, Albanum, Portus, Vellitrā [4]). Mit Ausnahme des ersten und letzten sind sie zwischen den Bischöfen folgender südtuscischer Städte eingeschoben: Cäre, Polimartium (Bomarzo), Falerii (Civita Castellana), Hortas (Orte), Narnia (Narni), Sutrium (Sutri), Contumcellā (Civitavecchia), Silva Candida, Manturianum (Manturano), Nepe (Nepi). Da vor diesen Bischöfen die fränkischen und longobardischen, und nach ihnen die des Exarchats und der Pentapolis in ununterbrochener Reihe aufgezählt werden, so liegt die Vermuthung nahe, dass die genannten tuscisch-campanischen Städte sämmtlich dem römischen Ducate angehören. Die Bischöfe der meisten jener Städte waren auch auf dem Concil von 721 vertreten [5]). Es fehlten nur die Bischöfe von Ostia, Tres Tabernä, Privernum (Piperno), Hortas (Orte), Centumcellā (Civitavecchia) [6]). Neu ist nur der Bischof des Sabinergebiets (oder von Gabii).

---

1) L. p. II, 60: Ablatae sunt a ducatu Romano civitates quatuor i. e. Ameria, Hortas, Polimartium et Blera. Vergl. II, 62. L. p, 56, Gallise (Gregor III.): Allenfalls auch Narni nach L. p. II, 121: civitatem Narniensem, quae parti Romanorum fuerat ablata (Stephan II. 752—57).

2) L. p. II, 147.

3) Mansi XII, 714. 715.

4) Die heutigen Namen dieser Städte sind, soweit sie noch existiren: Ostia, Ferentino, Segni, Anagni, Tivoli, Piperno, Alatri, Trevi, Albano, Velletri.

5) Mansi XII. 264, 256.

6) Der Bischof von Civita Castellana nennt sich hier nach dem alten Namen der Stadt (Falerii) episcopus ecclesiae Phalaritanae. Vgl. Westphal pag. 140.

Unsere Vermuthung, dass alle diese Städte mit Rom auch politisch verknüpft waren, wird durch folgende Erwägung zur Gewissheit. Bevor der Dux in Rom nachweisbar ist, hatte der Präfectus Urbi dort die Statthalterschaft, und dessen Gebiet können wir auf Grund einer Cassiodorstelle und einer Stelle in den Basilika annähernd fesstellen. In den Basilika¹) heisst es: „Er hat die Untersuchung über die Vergehen, welche im Umkreise von 100 Meilen um die Stadt begangen werden." Und Cassiodor sagt in der Formula praefecturae urbanae²), seiner Botmässigkeit sei nicht nur Rom anvertraut, sondern auch das Gebiet bis zum hundertsten Meilensteine. Nach annähernd genauer Messung auf der Karte³) habe ich gefunden, dass auf der Via Appia Minturnä an der Mündung des Liris (Garigliano) hundert Meilen entfernt ist, auf der Via Latina ein Punkt nicht viel nördlich von Teanum, der jedenfalls weiter von Casinum als von Teanum entfernt lag⁴), auf der Via Valeria ungefähr Interpromium östlich von Corfinium im Gebiete der Päligner, auf der Via Salaria ein Punkt westlich von Asculum, aber noch auf picentischem Gebiete, auf der Via Flaminia ungefähr Nuceria in Umbrien, auf der Via Cassia Clusium und auf der Via Clodia der Umbrofluss südlich von Rusellä. Diese hundert Meilen im Umkreise sind natürlich eine runde Zahl, besonders nach Osten und vielleicht auch Süden scheint die Grenze etwas weit ausgedehnt. Procop verlegt ja die Grenze zwischen dem Gebiet von Rom und Campanien in die Gegend von Terracina, und zur Zeit Hadrians I. hatte sie sich hier durchaus nicht geändert⁵). Ausserdem ist diese Ausdehnung der Stadtpräfectur v o r der Longobardenzeit bestimmt, in welcher ja in Spoleto und Clusium Herzogthümer von den Longobarden gegründet

---

1) Basilicorum libri LX, rec. Heimbach VI, 4, 2. vol. I pag. 171.
2) Cass. Var. VI, 4.
3) CIL X, 2.
4) Diese Südgrenze der Stadtpräfectur trifft zusammen mit der Grenze zwischen Latium und Campanien, wie sie bei Beginn der Kaiserzeit angenommen wurde. Vgl. CIL X, 1, pag. 499.
5) Cod. Car. ep. 62 pag. 202. ep. 66 pag. 208.

wurden. In Rieti sass ebenfalls ein longobardischer Gastalde, und das Privileg Ludwigs des Frommen rechnet selbst Orte, allerdings mit Unrecht, zum longobardischen Tuscien. Das übrigbleibende Gebiet umfasst ganz genau die in den beiden römischen Concilien erwähnten Städte, welche wir nunmehr mit Bestimmtheit als die Städte des römischen Ducats bezeichnen können. Dies sind offenbar die suburbicarischen Bischofsstädte.

Auf Grund vorstehender Erörterungen können wir jetzt zu einer Darstellung des päpstlichen Gebiets im achten Jahrhundert übergehn.

Der römische Ducat stand seit Gregor II. unter der Herrschaft des Papstes. Wir können die Beweise hierfür erst jetzt bringen, und zwar zunächst die für die Herrschaft des Papstes in der Stadt Rom.

Gregor II. führte das Werk des Sisinnius aus[1]) und stellte die gefallenen Stadtmauern wieder her[2]). Was an diesem Werke unvollendet blieb, das vollendete[3]) sein Nachfolger Gregor III. (731—41). Der letztere, welcher zuerst von den Päpsten Münzen mit seinem Namen prägen liess[4]), nimmt uns allen Zweifel über die päpstliche Herrrschaft in Rom. In einem Briefe an Karl Martell[5]) nennt er die

---

1) Vgl. Seite 34.
2) L. p. II, 15.
3) L. p. II, 55.
4) Promis, Monete dei Romani Pontefici pag. 13 und tav. 1. Auf der abgebildeten Münze steht weiter nichts als ein Kreuz und darunter „Greii pape" und auf der Rückseite ein Kreuz und darunter „sci Ptr.".
5) Cod. Car. 2 pag. 16: dum talis ac tanti filii suam spiritalem matrem s. Dei ecclesiam ejusque populum peculiarem non conantur defendere. . . Potens est . . ipse princeps apostolorum . . . suam defendere domum et populum peculiarem. pag. 17: Quia contra ecclesiam sanctam Dei ejusque populum peculiarem non exercitamns.

Martens, die römische Frage S. 65 (ebenso Gregorovius und andere) meint dagegen, Gregor II., Gregor III. und Zacharias hätten an die Gründung eines Kirchenstaats noch garnicht gedacht. Stephan II. (152—57) soll erst bei seiner Ankunft in Frankreich sich ein ganz neues Programm ausgedacht haben (S. 68). Vgl. die Recension von Hrn. Prof. Weiland S. 373. 374.

Römer das eigene Volk der Kirche und des heil. Petrus. Im Liber pontificalis uud im Codex Carolinus heissen sie auch wohl das dem Papste anvertraute Volk, so in der Lebensbeschreibung des Zacharias[1]) und Stephans II.[2]). Erst später findet sich der naheliegende Ausdruck: mein und unser Volk[3]). Wenn es noch eines überzeugenderen Beweises bedarf, dass die Päpste schon vor der Schenkung Pippins die Herren in Rom gewesen sind, so verweise ich auf eine Stelle in der Vita des Zacharias[4]): Als Zacharias ins Longobardenlager aufbrach, überliess er die Regirung der Stadt dem Dux Stephan. Die Stadt wird hier als der bedeutendste Theil des Ducats allein erwähnt. Es fehlt aber auch nicht an Beweisen für den Ducat. In den letzten Regirungsjahren Gregors II. nahmen die Longobarden die Stadt Sutri weg. Aber schon im Jahre 728 restituirt[5]) König Liutprand (712—44) dem Papste die Stadt und stellt ihm hierüber eine Urkunde aus. Wir erkennen hieraus, dass der Papst als der einzig massgebende Vertreter des Ducats angesehen wurde. Unter den folgenden Päpsten mehren sich die Beweise hierfür. Gregor III. (731—41) stellt die Mauern von Civitavecchia, der Seestadt im südlichen Tuscien, wieder her[6]). Er erlangt auch Gallise, eine tuscische Stadt nicht weit von Sutri, zurück. Sie war seit lange der Zankapfel zwischen dem römischen Ducat und dem Herzogthum Spoleto gewesen. Gregor III. kaufte die Ansprüche

---

1) V. Zach. cap. 28 L. p. II, 84.

2) V. Steph. II. cap. 7 L. p. II, 91.

3) Cod. Car. 7. 10. 11 (Stephan II.). 12. 37 (Paul I.). 45. 59. 61. Martens S. 71.

4) L. p. II, 68: relicta Romana urbe Stephano patricio et duci ad gubernandum.

5) L. p. II, 38: restituit atque donavit. Meiner Ansicht nach ist auf dies doppelte Prädicat kein Gewicht zu legen. Sonst müsste es bedeuten: Er restituirte die Patrimonien in der Feldmark von Sutri (vgl. S. 44) und schenkte das übrige Gebiet dazu. Dem Biographen ist aber eine solche juristische Genauigkeit im Ausdruck nicht zuzutrauen.

6) L. p. II, 56.

des Herzogs Trasimund ab et in compage sanctae reipublicae atque in corpore a Deo dilecti exercitus Romanorum adnecti praecepit [1]).

Der Begriff sancta respublica bedarf eine Besprechung. Er wird hier nicht zum ersten Mal gebraucht. In den Briefen Gregors des Grossen bedeutet sancta respublica [2]), pia respublica [3]), christiana respublica [4]), christianum imperium [5]), Romana respublica [6]) und respublica allein [7]) das römische Reich. Ebenso im Liber diurnus [8]). Mit dieser Bedeutung kommt man in der Vita Gregors III. und in den übrigen Quellen des achten Jahrhunderts nicht mehr aus. Hier muss sancta respublica, Romana respublica, Romana provincia, Romanorum provincia oder Romanorum respublica, Ausdrücke, die abwechselnd gebraucht werden, nothwendig den römischen Ducat bezeichnen. Der wichtigste Beweis dafür ist in einem Briefe Stephans III. an den Patriarchen Johann von Grado enthalten (771) [9]): in scriptis contulerunt promissionem, ut sicut *hanc nostram Romanam provinciam* et exarchatum Ravennatem et ipsa quoque vestra provincia (Istrien und Venetien) pari modo ab inimicorum oppressionibus semper defendere procurent. Die Hinzufügung der Worte hanc nostram und die Ausschliessung von Exarchat, Istrien und Venetien kennzeichnet die Romana provincia unzweifelhaft als den römischen Ducat. Einen anderen Beweis bietet das

---

1) L. p. II, 56.

2) Gr. Ep. I, 75. II, 31. Troya I, Nro. 45. 46. 50. R. p. 1142. 1189.

3) Gr. Ep. V, 41. R. p. 1351.

4) Gr. Ep. VI, 65. IX, 43. R. p. 1448. 1592.

5) Gr. Ep. VII, 4. 7. R. p. 1451. 1452. Troya II, 345 pag. 553: christiani vestri imperii respublica.

6) Gr. Ep. V, 30. VII, 33. XI, 64. 66. R. p. 1243. 1476. 1843, 1826.

7) Gr. Ep. I, 75. 85. II, 3 etc. (etwa 40 mal). R. p. 1142. 1533. 1152 etc.

8) Liber diurnus Romanorum pontificum ed. Garnerius cap. II tit. 9 pag. 51. cap III tit. 8 pag. 70 und 72.

9) Troya V continuazione Nro. 946 pag. 625.

Privileg Hadrians I. für das Kloster Forfa in territorio Sabinensi [1]): jeder prior vestiarii soll die Erlaubniss haben potestative distinguendi tam ecclesiasticam personam quamque ex militia existentem vel etiam famulum ecclesie aut servum cujusquam *sive ex civitate Romana seu de diversis ceteris locis et civitatibus istius nostre Romane reipublicae.* Dass iste identisch ist mit hic, will ich an einem Beispiele beweisen. Die brittische Sammlung von Papstbriefen, welche chronologisch geordnet ist, hat im 52. Briefe Johannes VIII. [2]) folgende Zeitbestimmung: mediante mense Augusto preteritae septimae indictionis, ep. 54: in natale apostolorum istius octavae indictionis. Presentis octavae indictionis und istius octavae indictionis sind hier zweifellos identisch, also muss iste örtlich gebraucht = hic sein.

Noch einige Beweise für die Bedeutung von Romana Respublica aus dem Codex Carolinus. Brief Stephans II. [3]): cunctus namque noster populus reipublice Romanorum. Brief desselben Papstes [4]): sanctam Dei ecclesiam et nostrum Romanorum reipublicae populum comisimus protegendum. Brief desselben [5]): s. Dei ecclesiam et ejus Romanum populum mihi commissum. Brief Hadrians I. [6]): nostrum reipublicae Romanorum populum. Brief Stephans III. [7]): ecclesiam Dei expugnantes et hanc nostram Romanorum provinciam invadentes . . . seu optimatibus et judicibus vel cuncto nostro Romanorum istius provintiae populo.

Betrachten wir nun unsere Stelle in der Vita Gregors III., so bedeutet hier sancta republica ebenfalls den römischen Ducat. Es sind aber noch die Worte atque in corpore a Deo dilecti exercitus Romani hinzugefügt. Ueber die Bedeutung von exercitus Romanus kann uns der Brief Stephans II. vom 24. Februar 756 [8]) am besten aufklären: Stephanus papa et

1) Troya vol. V contin. Nro. 958 pag. 649.
2) Neues Archiv V, 314. 315.
3) Cod. Car. ep. 7 pag. 42.
4) Cod. Car. ep. 9 pag. 53.
5) Cod. Car. ep. 10 pag. 56.
6) Cod. Car. ep. 58 pag. 193.
7) Cod. Car. ep. 47 pag. 161.
8) Cod. Car. ep. 8 pag, 48.

omnes episcopi, presbyteri, diacones, seu duces, cartularii, comites, tribunentes et universus populus et exercitus Romanorum. Hier ist unter populus et exercitus Romanorum das Volk der Stadt Rom und des römischen Ducats zu verstehn, ebenso wie unter populus Romanorum reipublicae. Auch in der erwähnten Stelle des Papstbuches muss also exercitus Romanus die engste Bedeutung haben und die Römer innerhalb des Ducats bezeichnen, wozu Gallese nach den eigenen Worten des Biographen ursprünglich gehörte.

Ganz verschieden von Romana respublica oder provincia ist Italia provincia. Dass wir hierunter nicht Italien in unserem Sinne, also die ganze Apenninische Halbinsel zu verstehn haben, lehrt uns z. B. das Testament des David von Lucca vom Jahre 773 [1]), worin es heisst: scriptum est quod partibus Etalie usus cape, ut (et?) non solum Etalie, sed omnis provincie. Provincia bedeutet bei den Longobarden, besonders in den Gesetzen ihrer Könige, das Longobardenreich [2]). Der Bericht des Papstbuches über die Lateransynode von 769 [3]) führt uns einen Schritt weiter: Stephanus sanctissimus papa congregavit diversos episcopos Tusciae atque Campaniae et aliquantos istius Italiae provinciae. Die Concilsakten [4]) nennen uns ausser einigen fränkischen und longobardischen Bischöfen, auf welche Stephans III. Biograph keine Rücksicht nimmt, 22 Bischöfe aus den Städten des römischen Ducats und 10 aus dem Exarchat und der Pentapolis. Die letzteren beiden Landschaften müssen also mit ista Italia provincia gemeint sein. Die Vita scheint aber nur deswegen Tuscien und Campanien von ista Italia provincia getrennt zu haben, weil diese beiden Landschaften auf der Lateransynode bei weitem am stärksten vertreten waren. Schon das Demonstrativ ista vor Italia provincia weist darauf hin, dass der Biograph, welcher sicher ein Römer war, Rom zu provincia Italia rechnete. Die Bestätigung

---

1) Troya vol. V contin. Nro. 983 pag. 708.
2) Troya vol. III Nro. 456 pag 421 foris provincie.
3) L. p. II, 147.
4) Mausi XII, 714. 715.

hierfür findet sich im Liber diurnus ¹), im Schema für einen Brief an den Exarchen: ad dispensationem hujus servilis Italicae provinciae *nostrum*que omnium famulorum praesidium. Ebenso heisst es in der Vita Stephans II. ²): Romanam hanc urbem vel cunctam Italiam provinciam liberaret, und etwas später: pro universo exarchatu Ravennae atque cunctae istius Italiae provinciae. — Das longobardische Königreich umfasste in der letzten Zeit seines Bestehens Austrien (Friaul), Neustrien (Ligurien), Tuscien, Ämilia, Spoleto und Benevent ³). Dem Patricius und Exarchus Italiä ⁴) bleiben also nur Exarchat (Ämilia war nur kurze Zeit in der Hand der Longobarden), Pentapolis und Ducatus Romanus, und dies ist die Italia provincia. Sicilien und Süditalien, soweit es nicht longobardisch war, gehorchte dem Patricius von Sicilien ⁵), welcher zur Zeit Hadrians I. in Gaëta residirte ⁶)!, sonst aber in Neapel ⁷). Die hauptsächlichsten Städte, welche den Griechen in Süditalien verblieben waren, nennt Constantin Porphyrogenitus in seinem Werke über die Verwaltung des Reiches, welches er nach seiner eigenen Angabe 949 verfasste. Es waren Otranto, Gallipoli, Rossano, Neapel, Gaëta, Sorrento und Amalfi ⁸).

---

1) Lib. diurn. cap. II tit. 4 pag. 20.
2) L. p. II, 92.
3) Troya vol V contin. Nro. 985 pag. 712. 713.
4) L. p. II, 13 und oft.
5) Const. Porphyr. de adm. imp. cap. 50 (Migne 113, 377. Corp. scr. hist. Byz. Const. Porph. vol. III pag. 225: 'Η Καλαβρίας στρατηγὶς δουκάτον ἦν τὸ παλαιὸν τῆς στρατηγίδος Σικελίας. Vgl. Themat. Occid. 10 pag. 27 (Migne 113, 134. Corp. scr. hist. Byz. Const. Porph. vol. III pag. 58).
6) Cod. Car. ep. 62 pag. 202.
7) Const. Porph. de adm. imp. cap. 27 pag. 84 (Migne 113, 239). Corp. scr. hist. Byz. Const. Porph. vol. III pag. 121: 'Η δὲ Νεάπολις ἦν ἀρχαῖον πραιτώριον τῶν κατερχομένων πατρικίων, καὶ ὁ κρατῶν τὴν Νεάπολιν κατεῖχε καὶ τὴν Σικελίαν, καὶ ἡνίκα κατέλαβεν ὁ πατρίκιος ἐν Νεαπόλει, ἀπήρχετο ὁ δοὺξ Νεαπόλεως ἐν Σικελίᾳ.
8) Const. Porph. de adm. imp. cap. 27 pag. 83 (Migne 113, 238. Corp. scr. hist. Byz. Const. Porph. vol. III pag. 121).

Es ist Zeit, zu Gregor III. zurückzukehren. Im Jahre 739 knüpfte er mit den Franken an, indem er Karl Martell die Schlüssel von Petrus Grabmal übersandte[1]).

In den letzten Lebenstagen Gregors III. fiel König Liutprand, weil ihm die Auslieferung des landesflüchtigen Herzogs Trasimund von Spoleto verweigert wurde, in dem römischen Ducat ein und annectirte die vier Städte Orte, Amelia, Bomarzo und Bieda. Erst Gregors III. Nachfolger Zacharias (741—51) erhielt sie zurück. Er liess sich die Schenkung urkundlich bestätigen[2]) und ergriff persönlich davon Besitz[3]). Liutprand suchte sich durch andere Eroberungen schadlos zu halten. Er eroberte Cesena im Exarchate und schritt zur Belagerung von Ravenna selbst. Der Exarch Eutychius und der Erzbischof Johannes gingen den Papst um Beistand an. Zacharias beschwor den König, ihm seine Eroberung zu überliefern[4]). Der Longobardenkönig gab das occupirte Land wieder heraus[5]). Die Restitution erstreckte sich auf das Gebiet von Ravenna und zwei Drittel der Feldmark von Cesena. Ein Drittel davon behielt er als Pfand zurück, bis seine Gesandten aus Constantinopel wieder eingetroffen wären. Als der Papst heimkehrte, begleiteteten ihn longobardische Herzöge, welche die Übergabe des genannten Gebiets bewirken mussten. Aber im

---

1) L. p. II, 55. Fredegarii contin. bei Bouquet, Scriptores rerum Gallicarum et Francicarum II, 457. Chronicon Moissiacense M. G. SS. I, 291. Wir gehn auf die oft besprochenen Beziehungen der Päpste zu den Franken nicht näher ein.

2) L. p. II, 64.

3) L. p. II, 66.

4) L. p. II, 72: sed et ablatos fines Ravennatium urbis sibi redonaret, simul et castrum Caesinate.

5) L. p. II, 72: ad partem reipublicae restituit. Respublica bedeutet den Staat im Allgemeinen, ist also von Respublica Romana wohl zu unterscheiden. Der Papst gilt, als Herr des Ducates, auch für den rechtmässigen Vertreter des Staates oder Reiches; denn der Biograph macht durchaus keinen Unterschied zwischen dem Papste (*sibi* redonaret) und der Respublica (ad partem *reipublicae* restituit)» sonst hätte er sicherlich ein Wort des Tadels oder der Erklärung hinzugefügt.

letzten Lebensjahre des Zacharias eroberte Liutprands zweiter Nachfolger Aistulf (749—57) Ravenna zurück. Am 4. Juni 751 fertigte er dort eine Urkunde aus[1]. Unter Stephan II. fiel Aistulf in den Ducat ein[2], legte den Römern eine Kopfsteuer auf (auf den Kopf jährlich einen Solidus oder 12$^1/_4$ Mark) und vermass sich, die Stadt Rom und die umliegenden Städte seiner Botmässigkeit zu unterwerfen. Als alle Unterhandlungen nichts fruchteten, bat Stephan den Kaiser durch eine Gesandtschaft um bewaffneten Beistand, der beste Beweis darfür, dass die Päpste sich von Byzanz nicht endgültig und formell losgesagt hatten. Aber von dort kam keine Hülfe. Nachdem Stephan noch einmal in Pavia bei Aistulf vergeblich Recht gesucht hatte, eilte er ins Frankenreich zum König Pippin, den er schon vorher für seine Sache zu interessiren gewusst hatte. Im Schloss Ponthion traf er mit ihm zusammen[3]. Der Frankenkönig kam seinem Hülfegesuch bereitwillig entgegen und versprach, für die Rückgabe des Exarchats und der übrigen Orte zu sorgen[4].

---

1) Troya vol. IV. Nro. 645 pag. 382.

2) L. p. II, 89 fde.

3) Die Darstellung des Papstbuches wird im Wesentlichen durch die fränkische Quelle, die vierte Fortsetzung des Fredegar, bestätigt Vgl. Bouquet, Scriptores rerum Gallicarum et Francicarum vol. V pag. 1 ff.

4) L. p. II, 105: Papa regem lacrimabiliter deprecatus est, ut pacis foedera et causam b. Petri et reipublicae Romanorum disponeret. Qui de praesenti jurejurando spondens eidem beatissimo papae satisfecit, omnibus ejus mandatis et admonitionibus sese totis viribus obedire et, ut illi placitum esset, exarchatum Ravennae seu cetera loca juri reipublicae modis omnibus reddere. Der Fortsetzer Fredegars (cap. 119) drückt sich viel allgemeiner aus: auxilium petens contra gentem Longobardorum et eorum regem Aistulfum, ut per ejus adjutorium ab eorum oppressionibus vel fraudulentia de manibus eorum liberaretur et tributa et munera, quae contra legis ordinem a Romanis requirebant, facere desisterent ... Legationem ad Aistulfum regem Longobardorum mittens, petens, ut propter reverentiam beatiss. apost. Petri et Pauli in partibus Romae hostiliter non ambularet et superstitiosas ac impias vel contra legis ordinem causas, quod antea Romani numquam fecerant, propter ejus petitionem facere non deberet.

Diese Worte des Papstbuches bilden wahrscheinlich nur eine Deutung von Pippins Versprechen, welches in Wirklichkeit viel allgemeiner gehalten war. Die Vereinbarung von Ponthion beschränkt sich auf ein Schutz- und Freundschaftsbündniss, durch welches Pippin die Restitution aller der Kirche entrissenen Güter und Gerechtsame verhiess[1]). Im Kloster des heil. Dionysius bei Paris salbte Stephan den König Pippin und seine beiden Söhne. Vor der Salbung leistete Pippin von Neuem das Versprechen, die Kirche zu schützen. Martens (S. 29) weist darauf hin, dass Karl und Karlmann hierdurch zum Schutze der Kirche mitverpflichtet wurden. Pippin gewann zu Carisiacus (Quiersy an der Isère)[2]) die Zustimmung seiner Grossen zu dem Vertrage mit dem Papste[3]). Alle fränkischen Gesandtschaften, welche von Aistulf die Einhaltung des Friedensvertrages und die Rückgabe der päpstlichen Gerechtsame[4]) forderten, kehrten ohne Erfolg heim, und so begann der Krieg. Aistulf wurde geschlagen und musste versprechen, Ravenna und verschiedene andere Städte herauszugeben. Allein bald rückte Aistulf wieder mit einem Heere gegen die Stadt Rom, welche eine dreimonatliche Belagerung auszuhalten hatte. Auch Narni wurde von den Longobarden zurückerobert. Auf wiederholte Hülfegesuche des Papstes[5]) ging Pippin wieder über die Alpen. In der Nähe von Pavia kamen kaiserliche Gesandte in sein Lager und forderten ihn auf, Ravenna und die übrigen Ortschaften des Exarchats der griechischen Herrschaft zu übergeben. Allein Pippin entgegnete, er werde niemals dulden, dass jene Städte dem heil. Petrus,

---

1) Sybel, Kleine Schriften III, 72. 76. Martens, Römische Frage S. 55. 98.

2) Nach Fredegars Fortsetzung cap. 120 zu Bernacus.

3) L. p. II, 106; Pippinus ad locum, qui Carisiacus appellatur, pergens ibique copgregaus cunctos proceres regiae suae postetatis et eos tanti patris cancta admonitione imbaens, statuit cum eis, quod semel una cum eodem beatissimo papa decreoerat, perficere.

4) L. p. II, 108: pacis foedera et proprietatis sanctae Dei ecclesiae reipublicae restituenda jura.

5) Cod. Car. ep. 8 pag. 43.

der römischen Kirche und den Päpsten entrissen würden. Den Päpsten werden damit ausser diesen Patrimonien in diesen Gegenden auch die Besitzungen der Griechen zugesprochen. Dies wäre unbegreiflich, wenn die Päpste nicht schon vorher im römischen Ducat die Herrschaft gehabt hätten. Der Ducat hatte von jeher mit Exarchat und Pentapolis in politischer Verbindung gestanden, so war es erklärlich, dass diese beiden Landschaften nach ihrer Wiedereroberung dem Herren des Ducats überlassen wurden.

Aistulf bequemte sich zu dem erneuerten Versprechen, die Städte des Exarchats zurückzugeben. Neu kam Comacchio hinzu, sonst waren es die im früheren Friedensvertrage abgetretenen Städte. Alle diese sollten die Päpste für immer besitzen. Die hierüber ausgestellte Urkunde sah Stephans II. Biograph noch im päpstlichen Archiv [1]). Bald darauf erfolgte die Übergabe des Gebietes an den fränkischen Abgesandten, Abt Fulrad von St. Denis. Dieser nahm die Schlüssel der Städte in Empfang und legte sie dann in der Peterskirche zu Rom nieder. Folgende Orte fielen so dem Papste zu [2]): Ravenna, Ariminum, Pisaurum, Conca, Fanum, Cesina, Senogallia, Aesis, Forum Pompilii, Forum Livii mit der Burg Sassubium, Montemfeltri, Acerris, Agiomons, Mons Lucati, Serra, das Castell des heil. Marinus, Bobium, Urbinum, Callis, Luceoli, Eugubium und Comiaclum [3]). Ausserdem Narnia im römischen Ducat. Der Papst erhielt durch diese Schenkung die Hälfte des Exarchats, nämlich die sechs Städte Ravenna, Casena, Forum Livii, Forum Pompilii, Bobium und Comiaclum, während Faventia., Imola,

---

1) L. p. II, 119. 120.

2) L. p. II, 121. Sybel, Kl. Schr. III, 80 weist die Zweifel Abels (Forsch. I, 464) und Baxmanns (Polit. der Päpste I, 248) an der Richtigkeit und Vollständigkeit dieser Liste zurück.

3) Der heutige Name dieser Städte ist: Ravenna, Rimini, Pesaro Conca?, Fano, Cesena, Sinigaglia, Jesi, Forlimpopoli, Forli, Montefeltro, Acere?, Monte Maggio, Monte Luco, Serra am Lusoflusse, San Marino, Bobbio, Urbino (oder Urbinia?), Cagli, Luceoli?, Gubbio, Commacchio, Narni.

Bononia, Ferraria, Adria und Gabellum im Besitz der Longobarden blieben. Von den früher genannten 14 Städten der Pentapolis fielen 10 dem Papste zu, und statt der übrigen 4 (Ancona, Osimo, Umana, Fossombrone) die weit unbedeutenderen Acerris, Agiomons, Mons Lucati, Conca, d. h. der südliche Theil der Pentapolis wurde dem Papste vorenthalten. Dies ist um so wunderbarer, als gerade in der Feldmark von Ancona, Osimo und Umana sich Patrimonien der römischen Kirche nachweisen lassen.

Nach Aistulfs Tode suchte sich der Herzog Desiderius von Tuscien der longobardischen Krone zu bemächtigen. Einen wichtigen Bundesgenossen gewann er an Papst Stephan II. Er musste ihm für seinen Beistand diejenigen Städte versprechen, welche noch in der Gewalt der Longobarden geblieben waren. Desiderius wurde wirklich König und lieferte dem päpstlichen Gesandten Faenza aus, ferner Bagnacavallo, Cavello und das ganze Herzogthum Ferrara [1]). Das päpstliche Gebiet breitete sich also nach Norden und Westen aus. Ausserdem hatte Disiderius dem Papste versprochen: Ancona, Osimo, Umana, Imola und Bologna [2]). Diese Städte behielt Desiderius einstweilen.

Der römische Ducat wurde von Pentapolis und Exarchat durch das longobardische Herzogthum Spoleto getrennt. Es war daher sehr wichtig, dass Stephan II. im Anfang des Jahres 757 die Schutzherrschaft über Spoleto erwarb. Er schreibt darüber an Pippin[3]): Nam et Spolaetini ducatus generalitas per manus b. Petri et tuum fortissimum brachium constituerunt sibi ducem. Et tam ipsi Spolitini quamque etiam Beneventani omnes se commendare *per nos* a Deo servatae excellentiae tuae cupiunt. Diese Worte deuten auf eine päpstliche Schutzherrschaft mindestens über Spoleto hin. Man darf sich diese Schutzherrschaft aber nicht allzu straff vorstellen. Sowohl Herzog Liutprand von Benevent als auch

---

1) L. p. II, 124: Faventia, Castrum Tiberiacum, Gabellum, Ferraria.
2) Cod. Car. ep. 11 pag. 64.
3) Cod. Car. ep. 11 pag. 64.

Herzog Albuin von Spoleto datiren in dieser Zeit ihre Urkunden nur nach ihren eigenen Regirungsjahren [1]). Andererseits lässt sich die Loslösung Spoletos vom longobardischen Königthum nicht verkennen. Sonst pflegten die spoletinischen Urkunden nach dem Könige, dem Herzog von Spoleto und dem Gastalden von Reate datirt zu werden, jetzt nach dem Herzog allein. Die königlichen Urkunden, welche sonst auch nach jenen dreien zählten, berücksichtigen nur noch den König und den Gastalden von Reate und zwar schon geraume Zeit vorher, ehe Stephan dem Könige Pippin seine Schutzherrschaft über Spoleto anzeigt.

Unter Papst Paul I. (757—67)[2]) verband sich Desiderius mit den Griechen, welche Rom, Ravenna und die Pentapolis zurückgewinnen wollten. Dem Longobardenkönige lag es, neben der Aussicht auf neue Erwerbungen, vorzüglich daran, Benevent und Spoleto zu unterwerfen. Es gelang ihm [3]). Im Jahre 760 fand eine Grenzberichtigung zwischen der Grafschaft Todi, welche zum römischen Ducat gehörte, und Spoleto, Bevagna, Assisi und Perugia statt [4]). Die Grenzen der Grafschaft wurden ganz genau festgestellt. Zu dieser Grenzberichtigung war Desiderius durch fränkische Gesandte bewogen [5]). Er hatte diesen viel mehr versprochen: ut per totum instantem Aprilem mensem istius tertiae decimae indictionis omnes justitias fautoris vestri beati Petri apostolorum principis — omnia videlicet patrimonia, jura etiam et loca atque fines et territoria diversarum civitatum nostrarum reipublicae Romanorum — nobis restituisset. Dies Versprechen wurde nur theilweise erfüllt.

Etwa 765 ging Desiderius nach Rom, und da erreichte Paul mehr. Man kam überein, dass longobardische und päpstliche Gesandte Tuscien, Spoleto und Benevent gemeinsam

---

1) Troya vol. IV Benevent Nro. 690. 708. Spoleto 709. 711. 714. 718.
2) L. p. II, 127 fde.
3) Cod. Car. ep. 17 pag. 76. ep. 30 pag. 112. ep. 31 pag. 114.
4) Troya vol. V, Nro. 741 pag. 73.
5) Cod. Car. ep. 19 pag. 87.

bereisen und gegenseitige Abtretungen vornehmen sollten. Bald darauf theilte Paul dem Könige Pippin mit[1]), dass in Tuscien und Benevent diese Angelegenheit schon geregelt sei, in Spoleto seien die Gesandten noch beschäftigt.

Stephan III. (768—71) schrieb dann[2]) an König Karl, dass er von Desiderius in Betreff der Gerechtsame des heil. Petrus volle Genugthuung erlangt habe. Diese Mittheilung steht mit dem Berichte der Vita Hadrians I. in Widerspruch, denn diese sagt[3]) ausdrücklich, dass der Longobardenkönig die versprochenen Gerechtsame der römischen Kirche nicht übergeben habe. Wenn wir die beiden widersprechenden Quellen gegen einander abwägen, so hat der Brief Stephans III. aus zwei Gründen höheren Werth: einmal ist er von einem Betheiligten geschrieben und zweitens ist er gleichzeitig. Die Vita Hadriani ist nur eine darstellende Quelle und mindestens ein halbes Jahrhundert später abgefasst. Es ist aber nicht unmöglich, dass Stephans Brief ihm von Desiderius in die Feder dictirt ist. Dieser weilte nämlich damals mit Heeresmacht in Rom[4]). Es kommt hinzu, dass in dem vorhin erwähnten Briefe Pauls I. nur von Tuscien, Benevent und Spoleto die Rede ist, aber nicht von den Städten Ancona, Osimo, Umana, Imola und Bologna, welche Desider gleich bei seinem Regirungsantritt dem Papste versprochen, aber bisher noch nicht herausgegeben hatte. Diese Erwägungen veranlassen uns, der Vita Hadriani vor dem Briefe Stephans III. den Vorzug zu geben.

Nach Hadrians I. (772—95) Wahl suchte Desiderius mit ihm in ein gutes Verhältnis zu treten. Er versprach ihm deshalb, das beanspruchte Gebiet (d. h. Imola, Bologna, Ancona, Osimo und Umana) herauszugeben, allein sehr bald

---

1) Cod. Car ep. 37 pag. 133. Bei dieser Grenzberichtigung muss der Ducat von Perusia an das päpstliche Gebiet gefallen sein. Denn das Heer des perusinischen Ducates tritt bald darauf mehrfach im päpstlichen Dienste auf. L. p. II, 157. 180 vgl. II, 79).

2) Cod. Car. ep. 50 pag. 170.

3) V. Hadr. cap. 5 L. p. II, 165 und cap. 8 L. p. II, 168.

4) L. p. II, 158. Cod. Car. ep. 50 pag. 169.

wurde er anderen Sinnes. Er fiel in den Exarchat ein, besetzte Faenza, den Ducat von Ferrara und Comacchio und bedrängte Ravenna hart. Darauf annectirte er das Gebiet von Sinigaglia, Montefeltri, Urbino, Gubbio und andere Städte der Pentapolis. Die tuscischen Longobarden eroberten Otricoli, und zuletzt bedrohte Desider Rom selbst mit einer Belagerung. Dem Papste (Hadrian) blieb nur ein Rettungsmittel. Er versammelte die waffenfähige Mannschaft von Tuscien, Campanien, dem Ducat von Perusia und einige aus den Städten der Pentapolis[1]) in Rom und rief Karl den Grossen zu Hülfe[2]). Karl kam und eroberte das Longobardenreich (774).

Schon vor Beginn des Feldzuges hatten einige Spoletiner und Reatiner an der Sache der Longobarden verzweifelt und dem Papste den Treueid geleistet. Hadrian nahm sie als seine Unterthanen an. Als vom Könige Desiderius keine Gefahr mehr drohte, da leisteten die übrigen Spoletiner dem Papste ebenfalls den Treueid. Sie wählten Hildebrand zu ihrem Herzog, und Hadrian bestätigte ihn (constituit)[3]). Nach der ersten Schlacht kamen auch die Einwohner des Ducats von Fermo, Ancona, Osimo und Citta di Castello zu Hadrian und leisteten ihm den Treueid.

Karl hatte unterdessen Verona eingenommen und belagerte Pavia. Von hier brach er plötzlich auf und eilte nach Rom. Die Vita Hadriani weiss nun zu erzählen, dass Karl dem Papste das Gebiet versprochen habe a Lunis cum insula Corsica, deinde in Suriano, deinde in monte Burdone, inde in Berceto, deinde in Parma, deinde in Regio et exinde in Mantua atque in monte Silicis, simulque et universum exarchatum Ravennatium, sicut antiquitus erat, atque provincias Venetiarum et Istriam nec non cunctum ducatum Spoletinum seu Beneventanum. Da die spätere Handlungsweise

---

1) Seine Herrschaft war also auf den römischen Ducat und weniges Gebiet in der Pentapolis beschränkt.
2) L. p. II, 180 fde.
3) L. p. II, 186.
4) V. Hadr. cap. 41—48 L. p. II, 192 fde.

Karls des Grossen und der weiter unten erwähnte Brief Hadrians mit diesem Schenkungsversprechen durchaus im Widerspruch stehn, so trage ich kein Bedenken, dasselbe mit Sybel[1]) und Martens[2]) ins Gebiet der Erdichtung zu verweisen. Nach wiederholter Überlegung kann ich jedoch der Ansicht nicht beistimmen, dass der gesammte Inhalt jener drei Kapitel zu verwerfen sei. Man kann dadurch die Bestätigung der Pippin'schen Urkunde von Quiersy retten. Und diese Bestätigung ist anderweitig gut bezeugt. Hadrian schreibt an Karl in einem Briefe vom November des folgenden Jahres 775[3]): cunctaque perficere et adimplere dignemini, quae sanctae nemoriae genitor vester domnus Pippinus rex b. Petro una vobiscum policitus est et postmodum tu ipse, a Deo institutae magnae rex, dum ad limina apostolorum profectus es, ea ipsa spopondens confirmasti eidemque Dei apostolo praesentaliter manibus tuis eandem offeruisti promissionem[4]). Es kommt hinzu, dass ausser jener Gebietsbestimmung sachlich durchaus nichts zu erinnern ist in den drei Kapiteln. Martens nimmt an, dass der Verfasser der drei Kapitel den Bericht über die Pippin'sche Schenkung in der Vita Stephani vor sich gehabt und trotzdem dem Könige Pippin ein viel ausgedehnteres Versprechen untergeschoben habe. Dann müsste aber mindestens in einer Handschrift der Vita Stephani ein ganz anderer Bericht eingeliefert sein. Denn der Fälscher hätte zweifellos in sein Exemplar der Vita Stephani dieselbe Gebietsbestimmung eingeschwärzt, welche er in der Vita Hadriani auftischt. Also der Verfasser der Gebietsbestimmung hatte die Vita Stephani nicht vor sich, wohl aber derjenige, welcher den Anfang von Kapitel 42 schrieb. Ich glaube daher, dass die drei Kapitel von dem Verfasser der Vita Hadriani herrühren,

---

1) Sybel, Histor. Ztschr. 1880 Heft 4 Seite 47, abgedruckt in seinen „Kleinen Schriften" III, 67, bes. S. 90.
2) Martens, Römische Frage S. 283—99 und 302—6.
3) Cod. Car. ep. 56 p. 186.
4) Andere Stellen des Cod. Car., welche den Vorgang ebenso erzählen, siehe bei Martens S. 137 fde.

dagegen die Gebietsbestimmung¹) von einem Interpolator ²).
Der geringe Zwischenraum, welcher zwischen der Schrift
des Codex Lucensis ²) und der Abfassung der Vita Hadriani
liegt, bildet keinen Gegenbeweis. Die Interpolation kann
schon im Codex archetypus vor der Veröffentlichung vorgenommen sein.

Die päpstliche Herrschaft über Spoleto scheint diesmal
ernster genommen zu sein als unter Stephan II. Denn Herzog Hildebrand datirt am 1. Juni 774 eine Urkunde nach
Papst Hadrian³). Und Hadrian sagt in einem Briefe⁴) ausdrücklich, Karl habe ihm das Herzogthum geschenkt: Quia
et ipsum Spoletinum ducatum vos praesentaliter offeruistis
protectori vestro b. Petro principi apostolorum per nostram
mediocritatem pro animae vestrae mercaede. Die Schenkung
schliesst Hadrian nur aus Karls erneutem Versprechen, die
Kirche und ihr Gebiet zu schützen und für die Rückgabe
der verloren gegangenen Gerechtsame zu sorgen. Diese
Deutung der Urkunde von 774 war offenbar falsch. Denn
die Huldigung der Spoletiner gab dem Papste keinen berechtigten Anspruch auf das Herzogthum, und Karl verlangte,
wie sich später zeigte, urkundliche oder eidliche Bestätigung
der päpstlichen Ansprüche. Daher war er nach Beendigung
des Krieges bestrebt, Spoleto dem Papste wieder zu entreissen. Und nicht ohne Erfolg, Hadrian bittet später⁵)
verschiedentlich, Karl möge ihm aus Spoleto Bauholz schicken
lassen, welches im päpstlichen Gebiet nicht vorhanden sei.
Und in zahlreichen Briefen⁶) ersucht er den Frankenkönig
um die Herausgabe des Patrimonium Sabinense, welches

---

1) Und zwar von den Worten an: per designatum etc. Aehnlich urtheilt Scheffer-Boichorst, Pippins und Carls des Grossen Schenkungsversprechen in den Mittheilungen des Instituts für österreich. Geschichtsforsch. S. 5.
2) Vgl. Sybel, Kl. Schr. III, 91.
3) Troya vol. V contin. Nr. 993 prg. 740.
4) Cod. Car. ep. 57.
5) Cod. Car. ep. 67. 82.
6) Cod. Car. ep. 70—74.

theilweise im Gebiete von Spoleto lag. Das Privileg Ludwigs von 817 erwähnt, dass zwischen Karl und Hadrian ein Abkommen getroffen sei in Betreff von Tuscien und Spoleto: jährlich sollte aus diesen Herzogthümern dem apostolischen Stuhle eine Abgabe (census) entrichtet werden, jedoch unbeschadet ihrer Unterwerfung unter die fränkische Herrschaft[1]). Karls Gesandte Possessor und Rabigaud hatten wahrscheinlich schon 775 die Einverleibung des Herzogsthums in das Frankenreich vollzogen.

Nach dem Tode des Herzogs Arigis im Jahre 787 erhob Hadrian Ansprüche auf Benevent[2]). Karl soll ihn durch Boten die Städte (oder nur Städte?) des Herzogthums übergeben und ebenso Populonium (Massa Maritima) und Rosella (Ruinen bei Grosseto) im nördlichen Tuscien[3]). Karl schickte wirklich Nuntien nach Benevent, aber die Beneventaner vertrieben dieselben[4]). Was Karl dem Papste in Benevent übergeben wollte, war aber nur das todte Besitzthum ohne die Bewohner[5]), d. h. das Patrimonium, welches die römische Kirche in diesen Gegenden früher besessen hatte. Nur über Capua gewann Hadrian wirklich die Herrschaft. Eine Anzahl Capuaner kam nach Rom und leistete ihm den Treueid[6]). Das Privileg Ludwigs nennt ausserdem die beneventanischen Städte Sora, Arces, Aquinum, Arpinum, Teanum als zum päpstlichen Gebiet gehörig.

Im 84. Briefe des Codex Cardinus erwähnt Hadrian beiläufig, dass Karl ihm Toscanella, Viterbo und Bagnorea mit ihrem Geciete geschenkt habe. Wir wissen nicht, ob

---

1) Martens S. 159—164. Recens. v. Hrn. Prof Weiland S. 379.
2) Vgl. Ferd. Hirsch in den Forsch. XIII, 35. Martens S. 189—193.
3) Cod. Car. ep. 83. 84.
4) Cod. Car. ep. 86. Die Haltung der Beneventaner war so lange drohend, bis ihr Herzog Grimuald, Arigis Sohn, aus der Gefangenschaft entlassen wurde. Epistolae Carolinae ed Jaffé, Bibliotheca rer. Germ. IV, 347, ep. 5. Erchemperti Historia Longob. Benevent. cap. 4 M. G. SS. rer. Long. et. It. pag. 236.
5) Cod. Car. ep. 87 pag. 265.
6) Cod. Car. ep. 86 pag. 260.

dieses Geschenk grösseren Werth besass als das Herzogthum Spoleto.

Im Exarchat und in der Pentapolis blieb die Herrschaft des Papstes, von den longobardischen Eroberungen ganz abgesehen, nicht immer unbestritten. Unter Stephan III. (768—71) wurde als päpstlicher Heerbann die waffenfähige Mannschaft von Tuscien, Campanien und dem Ducat von Perusia aufgeboten[1]). Tuscien und Campanien bildeten die Bestandtheile des römischen Ducats, der Ducat von Perusia gehörte zur Pentapolis[2]). Wo aber blieben die übrigen Bewohner der Pentapolis und die des Exarchats? Dort hatte sich ein alter Widersacher des Papstthums, der Erzbischof von Ravenna, eine Herrschaft gegründet. Von Erzbischof Sergius sagt Agnellus, der Verfasser des ravennatischen Liber pontificalis[3]): Igitur *judicavit* iste a finibus Persiceti (bei Modena) totum Pentapolim et usque ad Tusciam et usque ad mensam Walani („Volano caput Padi ut videtur"), *veluti exarchus* sic omnia disponebat, ut soliti sunt modo Romani facere. Die Bestrebungen der ravennatischen Erzbischöfe scheinen sich der Zustimmung Karls des Grossen erfreut zu haben. Es handelte sich wahrscheinlich nur um diese Territorialverhältnisse, als Leo, der Nachfolger des Sergius, eine Gesandschaft an Karl schickte. In einer Schenkungsurkunde vom 28. April 773 erwähnt Martin von Cremona, Diacon von Ravenna, dass er im Auftrage des Erzbischofs soeben eine Mission an den Frankenkönig beendet habe[4]). Später begab sich Leo selbst an den fränkischen Hof und trat nachher um so entschiedener gegen den Papst auf. Ende des Jahres 774 beklagt sich Hadrian I.

---

1) L. p. II, 157.
2) L. p. II, 79. Das Privileg Ludwigs dagegen rechnet Perugia zum römischen Ducat. Diese Verschiedenheit rührt daher, dass Perugia erst erworben wurde, als die Päpste Ducat und Pentapolis schon besassen. Ausserdem liegt ja Perugia sowohl an der Grenze der Pentapolis wie an der des Ducates.
3) Agnellus cap. 150 M. G. SS. rer. Lang. et. Ital. pag. 380.
4) Troya vol. V contin. Nro. 977 pag. 688.

bei Karl dem Grossen [1]), dass nach dem Abzuge des fränkischen Heeres aus Italien Erzbischof Leo ihm verschiedene Städte der Emilia mit Berufung auf Karl entrissen habe, nemlich Faenza, Forlimpopuli, Forli, Cesena, Bobbio, Comacchio, den Ducat von Ferrara, Imola und Bologna. Er besass also auch die letzten beiden Städte, auf welche die Päpste seit Desiders Thronbesteigung (757) fortwährend Anspruch erhoben hatten. Die Pentapolis hatte Leo auch an sich zu reissen gesucht, der Versuch war aber an der Festigkeit der Bewohner gescheitert. In den genannten Städten und in Ravenna selbst setzte er seine Beamten ein. Nach Hadrians Versicherung [2]) hatte Papst Stephan III. dies Recht unbestritten ausgeübt, dem Erzbischof kam es also nicht zu. Leo blieb bis zu seinem Tode, der 777 erfolgte, Herr von Ravenna und der Emilia trotz Hadrians wiederholten Beschwerden beim fränkischen Hofe [3]). Nach dieser Zeit finden wir den Exarchat wieder unter päpstlicher Herrschaft. Im Jahre 783 [4]) verlangt Hadrian von Karl dem Grossen die Auslieferung zweier flüchtiger ravennatischer Richter, welche er für ihre Ungerechtigkeit und Gewaltthätigkeit bestrafen will. Später [5]) schenkte er dem Könige die Mosaikverzierungen und den marmornen Wandschmuck des ravennatischen Palastes.

Von jetzt ab erlitt dass päpstliche Gebiet im achten Jahrhundert keine Veränderung mehr. Papst Hadrian I. starb am 25. December 795. Genau fünf Jahre später fand in der Peterskirche der denkwürdige Act statt, welcher der territorialen Politik der Päpste vorläufig ein Ziel setzte — die Kaiserkrönung Karls des Grossen.

---

1) Cod. Car. ep. 51 pag. 171.
2) Cod. Car. ep. 51 pag. 172.
3) Zuletzt Cod. Car. ep. 56 (November 775).
4) Cod. Car. ep. 77.
5) Cod. Car. ep. 89.

IV.
Die römischen Beamten des achten Jahrhunderts.

Die ganze Verwaltung des päpstlichen Gebietes, ebenso der Oberbefehl über das Heer und die höchste Gerichtsbarkeit, lag in den Händen des Papstes. Hadrian I. beweist dies unwiderlegbar, indem er den patriciatus b. Petri für sich in Anspruch nimmt und denselben vom fränkischen Patriciat ausdrücklich unterscheidet [1]). Wir haben schon früher über die Stelle des Papstbuches [2]) gesprochen, wo Zacharias die Regirung der Stadt Rom für die Dauer seiner Abwesenheit dem Dux Stephan übergiebt. Schon Gregor II. tritt uns als Kriegsherr des römischen Heeres entgegen. Das Papstbuch [3]) bezeugt dies bei dem Berichte über Tiberius Petasius, welcher sich in Tuscien zum Kaiser aufgeworfen hatte: Exarchus vero haec audiens turbatus est: quem sanctissimus papa confortans et cum eo proceres ecclesiae mittens atque exercitus, profecti sunt. Der Papst sandte aber nicht nur seine Geistlichen und Generäle aus, sondern auch das römische Heer, wie aus dem Verlaufe der Erzählung hervorgeht. Zu Hadrians Zeit finden wir ein zweites Beispiel. Er schreibt im Mai 778 an Karl [4]): disposuimus ... generalem nostrum exercitum illuc dirigere. Die höchste Gerichtsbarkeit des Papstes ist auch nicht zu bezweifeln. Als einige Bewohner von Ravenna und der Pentapolis sich der päpstlichen Jurisdiction zu entziehen suchten, schrieb Hadrion an Karl den Grossen [5]): sed statim, si tales reperissetis, et hominem et causam ad nostrum judicem mitteremini. Als oberster Richter setzte er in seinen Städten die Beamten ein, welche zugleich richterliche

---

1) Cod. Car. ep. 98 pag. 290.
2) L. p. II, 68.
3) L. p. II. 36.
4) Cod. Car. ep. 62 pag. 203.
5) Cod. Car. ep. 98 pag. 290.

Vollmacht besassen: Nam et judices ad faciendas justitias omnibus vim patientibus in eadem Ravennatium urbe residendum ab hac Romana urbe direxit (Stephan III.)[1]). Ebenso wie die richterliche übte der Papst auch die höchste Polizeigewalt in seinem Gebiete aus. Kraft derselben liess Hadrian auf Wunsch Karls des Grossen die venetianischen Kaufleute aus dem Gebiete von Ravenna und der Pentapolis vertreiben[2]).

Bei allen seinen Regierungsgeschäften stand dem Papste ein Collegium von sieben Würdenträgern zur Seite[3]). Hegel nennt sie die judices palatini oder judices ordinarii. Diese Gesammtnamen habe ich in den Quellen des achten Jahrhunderts nicht gefunden. Den höchsten Rang nahm unter ihnen der Primicerius (sc. notariorum) oder Kanzler ein[4]), dann kam der Secundicerius oder zweite Kanzler[5]), der Arcarius oder Schatzmeister[6]), der Saccellarius oder Zahlmeister[7]), der Protoscriniarius oder Vorsteher des Archivs[8]), der Primus Defensor[9]) und der Nomenclator und Adminiculator[10]), welcher die Namen derer aufzuschreiben hatte, die vom Papste zu Tische geladen wurden.

Seit der Mitte des achten Jahrhunderts taucht in den Quellen wieder ein **römischer Senat** auf, der anderthalb

---

1) Cod. Car. ep. 51 pag. 172. Vgl. ep. 55 pag. 184 und ep. 56 pag. 187.

2) Cod. Car. ep. 94 pag. 277.

3) Hegel, Städtevrf. von Ital. I, 244.

4) Galletti, Del primicero della Santa sede apostolica è di altri uffiziali maggiori del sacro palagio Lateranese. L. p. II, 135. 156. 162.

5) L. p. II, 4. 146. 158.

6) L. p. II, 5.

7) L. p. II, 4. 135. 166. 167. 174.

8) Marini, Papiri diplomatici Nro. 45 pag. 71: Nos ... residentes .. una cum .. aliisque quam plurimis sacerdotibus et clericis, adstantibus autem Benedicto primicerio et alio Benedicto secundicereo, Crescentio nomenculatore, Petro primo defensore, Stephano protoscriniario, Johanne Deubaldo dativo judice seu fratre nostro dño Alberico comite palatii et Johanne Tocco comite galeriae.

9) L. p. II, 4 Cod. Car. ep. 43 pag. 145.

10) L. p. II, 4. 146.

Jahrhunderte lang[1]) ganz verschwunden war. Wir haben es hier jedoch mit keiner Körperschaft, sondern mit einem Stande zu thun. Und wer gehörte dazu? Zur Zeit Cassiodors wurde der Senat aus dem Beamtenthum recrutirt: Alumnos cunctae nobis pariunt aulicae dignitates, quaestura autem vera mater senatoris est[2]). Von folgenden Beamten lässt sich aus den Variä der Nachweis führen, dass sie in den Senat eintraten: Consul[3]), Stadtpräfect[4]), Vicarius Urbis Romae[5]), Comites[6]), Comes Sacrarum Largitionum[7]), Quaestor[8]). Die Vermuthung liegt nahe, dass in Erinnerung hieran die Gesammtheit der Beamten im achten Jahrhundert als Senat bezeichnet wurde.

Vielleicht giebt uns ein Brief Pauls I. die gewünschte Gewissheit: salutant vos cunctus procerum senatus et diversi populi congregatio[8]). Der Begriff proceres muss auch über die Bedeutung von senatus Auskunft geben, denn procerum senatus bedeutet: Der Senat, welcher aus proceres besteht. Nun nennt der Ostgothenkönig[9]) seinen Präfectus Prätorio Cassiodor judicem familiarem et internum procerem. Offenbar haben die beiden Substantiva judex und procer, ebenso wie die beiden Adjectiva familiaris und internus, genau denselben Sinn. Im Liber diurnus[10]) und im Liber pontificalis[11]) finden wir, dass zur Griechenzeit judices an der Papstwahl theilnahmen. Im neunten Jahrhundert dagegen

---

1) Agnellus, Biographie des Bischofs Petrus von Ravenna (570—78) M. G. SS. rer. Lang. et Ital. pag. 338: Deinde paulatim Romanus defecit senatus.
2) Cass. Var. VIII, 19. Kuhn, Die städtische und bürgerliche Verfassung des römischen Reichs bis auf Justinian I, 177. 178.
3) Cass. Var. II, 3.
4) Cass. Var. III, 11.
5) Cass. Var. VI, 15.
6) Cass. Var. IV, 16.
7) Cass. Var. V. 41. VIII, 17.
8) Cod. Car, ep. 24 pag. 101.
9) Cass. Var. IX, 24. Ebenso unzweifelhaft Var. VI, 10.
10) Lib. diurn. cap. II tit. 5, pag. 21.
11) Lib. pont. I, 299.

erwähnt das Papstbuch bei der Wahl des Valentin proceres [1]) und bei der Stephans V.[2]) senatus als stimmberechtigt, während von den judices gar keine Rede ist. Dies bestimmt uns, auch im Liber pontificalis judices und proceres für identisch zu erklären. Daraus folgt, dass unter Senat im achten Jahrhundert der Beamtenstand zu verstehn ist. Dazu passt ausgezeichnet, dass in der Biographie Hadrians II.[3]) ein römischer ordo ecclesiasticorum senatoriorumque erwähnt wird. In der Vita Hadrians I.[4]) heisst es dafür judices tam cleri quamque militiae. Von judices, proceres oder senatus werden *optimates* unterschieden [5]). Dies können nur angesehene, besonders durch Reichthum hervorragende Grundbesitzer sein.

Unter dem päpstlichen Beamtenpersonale haben wunderbarer Weise die militärischen Beamten das grösste Ansehen. Sie besorgen die Stadthaltereigeschäfte und übernehmen zusammen mit den geistlichen Würdenträgern diplomatische Sendungen, sie nehmen Theil an der Papstwahl und üben vielfach, zumal ausserhalb Roms, die Gerichtsbarkeit aus, während die Civilbeamten allein auf die Rechtspflege beschränkt sind und auch hier in wichtigen Fällen auf die Executive zurückgedrängt werden.

Die militärischen Beamten zählt ein Brief Stephans II. auf [6]): Stephanus papa et omnes episcopi, presbyteri, diacones seu *duces, cartularii, comites, tribunentes*.

---

1) L. p. III, 7.
2) L. p. III, 263.
3) L. p. III, 241.
4) L. p. II, 164. 192.
5) L. p. II, 250; Tunc Romani prae nimio gaudio suum recipientes pastorem, omnes generaliter in vigilia beati Andreae apostoli tam proceres clericorum cum omnibus clericis, quamque *optimates et senatus* cunctaque militia et universus populus Romanus. Cod. Car. ep. 87 pag. 136: cunctus clericorum ordo et *procerum ac obtimatum* et universi Romani magni vel minoris congregatio. Cod. Car. ep. 47 pag. 162: *optimatibus et judicibus* vel cuncto nostro Romanorum istius provintiae populo.
6) Cod. Car. ep. 8 pag. 48.

Der Dux.

In den Inschriften begegnet uns der Name Dux mitten unter anderen Aemterbezeichnungen zuerst um 200 n. Chr. Der Geschichtsschreiber Marius Maximus, welcher etwa von 165—230 lebte [1]), wird dux exerciti Mysiaci genannt [2]). Von Tiberius Claudius Candidus heisst es [3]): legato Augusti pro praetore provinciae Hispaniae citerioris et in ea *duci* terra marique adversus rebelles HHPR (homines hostes populi Romani nach Mommsen) item Asiae, item Noricae, *duci* exercitus Illyrici. Auch duces von Legionen und anderen Heeresabtheilungen kommen vor: Q. Mamil. Capitolinus jurid(icus) per Flaminiam et Umbriam et Picenum leg. Aug. per Asturiam et Gallaeciam *dux* leg(ionis) VII geminae piae felicis [4]), *duci* leg III Ital., *duci* et praep(osito) leg. III [5]), *duci* c(ohort. alaru)m Britaniciarum adversus Armoricanos [6]), *duci* vex(illationum) [7]), *duci* legg. Dac(icarum) [8]), *duci* vexill. per Italiam exercitus imp. Severi Pii Pertinacis Aug. et M. Aureli Antonini Aug. [9]). Theodor Mommsen [10]) ist der Ansicht, dass mit dem Worte Dux hier die Vorstellung eines bedeutenden activen Militärcommandos verbunden ist, welches die ordentliche amtliche Stellung übersteigt.

In der constantinischen Zeit erscheinen die Duces als Befehlshaber in den Marken des römischen Reiches. Ihre Soldaten heissen milites limitanei. So erzählt Procop [11]), dass die früheren römischen Kaiser überall an den Grenzen

---

1) Vgl. Teuffel, Römische Literaturgeschichte 4. Auflage S. 892.
2 CIL VI, 1, 1450. 1452. 1453.
3) CIL II, 4114.
4) CIL II, 2634.
5) CIL III, 2, 4855.
6) CIL III, 1, 1919.
7) CIL VI, 1, 1551.
8) CIL VI, 1, 1645.
9) CIL VI, 1, 1408. 1409.
10) Anhang zu „Alfred von Sallet, die Fürsten von Palmyra" S. 74.
11) Procop, Anecdota cap. 24 (Corp. scr. hist. Byz. Procop. vol. III pag. 135).

des Reiches grosse Truppenmassen zum Schutz gegen die Grenznachbarn aufgestellt hätten. Besonders im Oriente wurden die Angriffe der Perser und Saracenen dadurch abgewehrt. Procop nimmt die lateinische Bezeichnung für diese Grenzsoldaten ins Griechische hinüber (οὕσπερ λιμηταναίους ἐκάλουν). Wir führen hier einige Duces Limitum aus den Inschriften an: Isauriae ducis[1]), duci Armeniae[2]), dux provinciae Scythiae[3]), Dux von Pannonia prima und Noricum ripense (nach Mommsen)[4]), Dux von Valeria[5]) und Duces ohne Provinzbezeichnung[6]). Unter Kaiser Leo (ca. 470) gab es in folgenden Provinzen solche Duces: in Palästina, Mesopotamia, in der neuen Grenzmark von Phönicien, in Osrhoëne, Syria und Augusta Euphratensis, Arabia und Thebaïs, Libya, Pentapolis (wohl Cyrene), beiden Armenien, beiden Pontus, Scythia, Mysia Prima und Secunda, Dacia und Pannonia[7]). Justinian setzte 534 nach Beendigung des Vandalenkrieges Duces ein in den Provinzen Tripolis, Byzacium, Numidien, Mauretanien und Sardinien[8]). Dieselben hatten die Unterthanen vor feindlichen Einfällen zu beschützen und die Grenzen des Reiches womöglich bis zu ihrem ehemaligen Umfange auszudehnen[8]). Sie waren aber keine Statthalter in den Grenzprovinzen, denn neben ihnen fungirten, wie wir aus Justinians afrikanischem Grundgesetze erfahren, Präsides. Daher hatten sie auch nur über die Soldaten die Gerichtsbarkeit. Dieselbe erstreckte sich aber allein auf Civilsachen, über Criminalfälle urtheilte der Oberbefehlshaber, der **Magister Militum**[9]).

Magistri Militum gab es seit Constantin dem Grossen[10]),

---

1) CIL VI, 1, 1674.
2) CIL VI, 1, 3526.
3) CIL III, 1, 764.
4) CIL III, 1, 4039.
5) CIL III, 1, 3761—65.
6) CIL III, 2, 5565 (ann. 310). 6159 (ann. 320).
7) Cod. Just. XII, 59, 10.
8) Cod. Just. I, 27. 2: Grundgesetz für Afrika.
9) Cod. Just. XII, 35, 18 ann. 492.
10) Zosimi hist. II, 33.

und zwar eben so viel wie Präfecti Prätorio, nemlich in
präsenti, Orientis und Illyrici[1]), nach dem Vandalenkriege
kam Africa hinzu[2]). Sie hatten denselben Rang, wie die
Präfecti Prätorio[3]). Der Dux war dem Magister Militum
untergeordnet. Der Kaiser bestimmte nur, wo ein Dux einzusetzen wäre[4]), und in welcher Stadt er seinen Wohnsitz
nehmen sollte. Dem Magister Militum fiel also die eigentliche Einsetzung des Dux anheim[5]), wie dieser auch die
Anzahl der ihm untergebenen Soldaten bestimmte[6]). Der
Dux erhielt, wie es scheint als Gehalt, ein Zwölftel der Beute
und ausserdem τὰ ἐξ ἔθους σιτηρέσια d. h. die gewöhnliche
Annona, welche er selbst von den Provincialen erhob[7]). Die
Duces Limitum waren zum Verweilen in ihrer Provinz
verpflichtet[8]). Ihnen lag die Instandhaltung der Lager[9]) und
Burgen ob[8]).

Im Zeitalter Gregors des Grossen kommen Duces vor,
die zugleich Magistri Militum sind. Und zwar bekleidet
der Magistri Militum Theodor die Würde eines Dux von
Sardinien, und dessen Vorgänger, der Dux Edancius, war
ebenfalls[10]) Magister Militum. Sardinien war keine so wich-

---

1) Cod. Just. XII, 54, 4. 59,10.

2) CIL VIII, 1, 2245. 101. 1863. 4677. 4799. 4354. Greg. I.
Ep. I, 76. R. p. 1148.

3) Jul. Epit. Const. 64 pag. 86 vom Jahre 588.

4) Cod. Just. I. 27, 2: Grundgesetz für Afrika.

5) Theophanes, Chronographia pag. 108: ἐποίησεν αὐτὸν στρατηγὸν
τῆς ἑῴας ἁπάσης, δοὺς αὐτῷ ἐξουσίαν πᾶσαν, ὥστε καὶ δοῦκας ποιεῖν.

6) Cod. Just. I, 27, 2.

7) Cod. Just. I, 46, 5. Zosim. Histor. II, 33. Theodori Hermo-
politae Excerptorum ex LX libris Basilicon libri X. II, 1 (Du Cange,
Glossarium mediae et infimae Graecitatis unter δούξ): Τό γε παλαιὸν δύο
ἄρχοντες ἀπεστέλλοντο εἰς τὸ καθὲν θέμα, ὁ μὲν χάριν τοῦ κρίνειν τὰς πολιτι-
κὰς ὑποθέσεις ἤτοι ἰδιωτικὰς ὁ λεγόμενος καὶ κριτής· ὁ δὲ δοὺξ καὶ τοὺς
στρατιώτας ἔχων ἐφ' ἑαυτὸν καὶ ἀπαίτησιν ποιῶν.

8) Cod. Just. I, 46, 4 ann. 443.

9) Daher sagt Eusebius, Histor. Ecclesiast. IX, 5 (Migne XX, 808):
στρατοπεδάρχης ὃν δοῦκα Ῥωμαῖοι προσαγορεύουσι.

10) Greg. I. Ep. I, 49. (IX, 6. XII, 18). IV ,24. R. p. 1117 (1722.
1595). 1297.

tige Provinz, dass die Erhebung seines Dux zu höherem Range gerechtfertigt war. Der Civilstatthalter von Sardinien war ja nicht einmal ein Consularis, sondern nur ein Präses[1]). Magister Militum hat jetzt eine ganz andere Bedeutung als zur Zeit Justinians. Nicht der Dux ist im Range gestiegen, sondern der Magister Militum zum Range des Dux herabgesunken. Das sieht man schon daraus, dass in Italien statt eines einzigen eine ganze Reihe von Magistri Militum zugleich vorkommt. Gregor der Grosse nennt einmal drei neben einander[2]). Innerhalb Italiens finden sich Magistri Militum in Rom[3]), Neapel, wo sie auch zuweilen Dux heissen[4]), Picenum[5]), Ravenna[6]), Istrien[7]), Sipontum[8]), Syrakus[9]). Die Duces in Gregors I. Briefen gleichen denen der Justinianischen Zeit insofern, als sie nur in unruhigen Provinzen diesen Namen führen, so in Neapel wegen der bedrohlichen Nähe der Longobarden von Benevent und in Ariminum[10]), wozu vielleicht die ganze Pentapolis gehörte[11]), wegen der Longobarden von Tuscien und Spoleto. Sardinien hatte ja schon von Justinian einen Dux erhalten. Die Gerichtsbarkeit der Duces über die Soldaten war jetzt schon auf Criminalfälle[12]) ausgedehnt. Selbst Civilpersonen sind nicht mehr

---

1) Cod. Just. I, 27, 1. Greg. Ep. XI, 22. R. p. 1802.
2) Gr. Ep. II, 3. 29. 30. R. p. 1152. 1187. 1188.
3) Gr. Ep. II, 29. V, 30. 40. VIII, 11. R. p. 1187. 1343. 1359. 1499.
4) Gr. Ep. X, 11. R. p. 1772 Godiscalco duci Campaniae. XIV, 10. R. p. 1923 Guduino duci Neapolis. IX, 38. 69. X, 41. XII, 4. 19. 20. 26 Magister Militum Maurentius. Jene Duces von Neapel kennt das Chronicon ducum ... Neapolis nicht (M. G. SS. III, 211. Capasso, Monumenta ad Neapolitani ducatus historiam pertinentia I, 7). R. p. 1684. 1573. 1593. 1645. 1541. 1650. 1686.
5) Gr. Ep. IX, 89. R. p. 1624.
6) Gr. Ep. II, 3. R. p. 1152.
7) Gr. Ep. IX, 93. R. p. 1687.
8) Gr. Ep. VIII, 8. R. p. 1495.
9) Gr. Ep. X, 47. R. p. 1540.
10) Gr. Ep. I, 58. R. p. 1126.
11) Ducatus Pentapolitanus L. p. I, 308.
12) Gr. Ep. XIV. 10. R. p. 1923: Gregorius Guduino duci Nea-

wie früher¹) von ihrer Jurisdiction ausgenommen. Gregor I. schreibt an den Magister Militum Maurentius, einen Vorläufer der Duces von Neapel²): Valde mirati sumus, ut vobis in Neapolitana civitate positis venire ad nos pro quibusdam causis Theodorus vir memorandus, praesentium portitor, cogeretur, maxime dum in illa re se contra antiquum morem a fratre et coepiscopo nostro Fortunato queratur praejudicium pertulisse, quam ad curam dispositionemque patroni civitatis ejusdem (d. h. des Magister Militum), Gloria vestra teste, asserat sine dubio pertinere. Derselbe Magister Militum soll nach einem anderen Briefe Gregors³) vom Bischof Fortunat und vom Subdiakon Anthemius zum Gerichte über einen Kleriker nöthigenfalls zugezogen werden.

Vielleicht beruhte diese Ausdehnung der Gerichtsbarkeit über Civilpersonen auf einem Justinianschen Gesetze von 531⁴), welches den Militärbeamten, da sie rechtskundig wären, die Gerichtsbarkeit zugestand und zwar ganz im Allgemeinen.

Von da bis zur Vereinigung des Ducats und des Präsesamtes in einer Hand war nur ein Schritt. Und Gregor I. nennt wirklich den Dux Eupaterius von Sardinien gloriosus magister militum atque magnificus pius in Domino praeses⁵). Gr. Ep. XI, 22 kommt wieder ein Praeses Sardiniae Spesindeus vor, und XII, 18 schreibt Gregor an Eupator dux Sardiniae. Wenn der letztere mit dem Magister Militum und Präses

---

polis ... stupratorem militem puniat. Migne 80, 482 (Honorius I.): der Mag. Mil. Anatolius von Neapel soll einen Soldaten wegen Raubmordes bestrafen.

1) Cod. Just. I, 29, 1 ann. 386/7: Viri illustres comites et magistri peditum et equitum in provinciales mullam penitus habeant potestatem, nec amplissima praefectura in militares viros. Cod. Just. I, 46, 1 ann. 393: Imppp. Valentinianus, Theodosius et Arcadius A A A. comitibus et magistris utriusque militiae. Numquam omnino in negotiis privatorum vel tuitio militaris vel exsecutio tribuatur.

2) Gr. Ep. IX, 69. R. p. 1573.

3) Gr. Ep. X, 41. R. p. 1593.

4) Cod. Just. III, 1, 17: Certi juris est, quod concessa est militaribus hominibus judicandi facultas.

5) Gr. Ep. IX, 6. R. p. 1722.

Eupaterius identisch ist, so ist ganz offenbar, dass diese beiden Aemter nur ausnahmsweise und vorübergehend in einer Hand vereinigt waren. Trotzdem lässt sich ein wesentlicher Fortschritt gegen die frühere Zeit nicht verkennen. Damals bekleideten ja die Duces Limitum eine ausschliesslich militärische Charge. Abgesehen von einem Beispiel aus dem Jahre 393[1]), bietet nur die Ostgothenzeit eine Analogie für die Vereinigung der Militär- und Civilstatthalterschaft in einer Hand. Cassiodor sagt in der Formula ducatus Rhaetiarum[2]), es sei nicht so schwierig, über friedfertige Unterthanen Recht zu sprechen, als seinen Sitz zu haben in der Nachbarschaft feindseliger Stämme.

Im 7. Jahrhundert machte diese Ausdehnung der Gewalt des Dux oder Magister Militum Fortschritte. Papst Honorius I. (625—38) übertrug Gaudioso notario et Anatholio magistro militum Neapolitanam civitatem regendam cum omnibus ei pertinentibus, et qualiter debeat regi scriptis informat[3]). Die Annahme hat viel für sich, dass der Notar Gaudiosus der Rector des neapolitanischen Patrimoniums der römischen Kirche ist[4]). Diesem soll durch das Edict des Honorius nur Einfluss auf die Regirung gesichert werden, während der Magister Militum der eigentliche Leiter der Regirung ist. Mindestens kann die Theilnahme des Magister Militum an derselben nicht bestritten werden. — Die übrigen Magistri Militum des 7. Jahrhunderts zeigen

---

1) Cod. Just. XII, 59, 4: Silvanus dux et corrector limitis Tripolitani.

2) Cass. Var. VII, 4: non est tale pacatis regionibus jus dicere, quale suspectis gentibus assidere, ubi non tantum vitia quantum bella suspecta sunt.

3) Deusdedit Coll. can. III, 149 ed. Martinucci p. 328.

4) Gregor I. (590—604) erwähnt Ep. IX, 390 (R. p. 1635) einen „defensor sedis nostrae" Gaudiosus in Syrakus. Der Notar Gaudiosus in Neapel kann dieselbe Person sein. Jedenfalls scheint der Brief (Ivo von Chartes, Decreta VII, 182 bei Migne 162, 575, bei Migne 80, 481 fehlt die Ueberschrift): Honorius papa Joanni episcopo et Gaudio (Druckfehler?) notario Campaniae sehr dafür zu sprechen, dass Gaudiosus Rector des neapolitanischen Patrimoniums war.

blos militärische Befugnisse[1]), es sind Generäle, bei denen sich nicht einmal ein bestimmter Standort nachweisen lässt. Ich erinnere an den Magister Militum Donus, welcher von Ravenna aus gegen den aufständischen Chartular Mauricius in Rom gesandt wurde[2]). Im Chronicon ducum et principum Beneventi, Salerni et Capuae et ducum Neapolis[3]) werden einige Duces von Neapel aufgezählt.

Am Anfang des achten Jahrhunderts lassen sich in Rom Duces nachweisen. Zur oströmischen Zeit waren sie ausser dem Kaiser nur dem Exarchen untergeordnet. Gewöhnlich wurden sie von den letzteren eingesetzt. Der Biograph Gregors II. setzt dies offenbar voraus[4]), wenn er sagt: „Die Bewohner Italiens verachteten die Anordnungen (ordinationes = Einsetzungen von Beamten) des Exarchen und wählten sich selbst ihre Duces". Kaiser Philippikus setzt allerdings den Dux Peter selbst in Rom ein[5]). Aber Philippikus hatte sich kurz vorher des Thrones gewaltsam bemächtigt und suchte sich nun der Provinzen durch zuverlässige Leute zu versichern.

Dass nur bedrohten Grenzprovinzen solche Duces zukommen, hat man vergessen. Im Laufe des achten Jahrhunders erscheinen auch in vielen anderen italienischen Städten Duces, in welchen man nur noch das Oberhaupt der Stadt oder Landschaft sieht, aber nicht mehr den rein-militärischen Dux Limitis. Sonst hätten die Italiener, als sie der byzantinischen Herrschaft überdrüssig waren, im Leben nicht daran gedacht, sich Duces einzusetzen[6]), sondern eher Präsides, Consulares oder Präfecti. Für den römischen Dux insbesondere haben wir eine Beweisstelle, nach welcher er

---

1) Eine Ausnahme von dieser Regel können wir erst später besprechen.
2) L. p. I, 248.
3) M. G. SS. III, 211. Capasso I, 7.
4) L. p. II, 30.
5) L. p. II, 11. 12: contigit ut Petrus quidam pro ducatu Romanae urbis Ravennam dirigeretur (natürlich von Constantinopel) et praeceptum pro hujusmodi causa acciperet.
6) L. p. II, 30.

nothwendig Statthalter sein musste. Als Papst Zacharias sich zum Longobardenkönig begab, berichtet das Papstbuch[1]), verblieb die Regierung der Stadt dem Dux Stephan. Es ist undenkbar, dass der Papst die Statthaltereigeschäfte persönlich zu erledigen pflegte, er übte vielmehr nur die Oberaufsicht aus, und wenn er aus Rom abwesend war, wurden die Statthaltereigeschäfte natürlich keinem anderen überlassen als demjenigen, welcher sie vorhin unter des Papstes Aufsicht besorgt hatte. Der Dux von Rom wird auch schon dadurch als Statthalter charakterisirt, dass das ihm untergebene Gebiet römischer Ducat genannt wird. — Die Verwaltungsgeschäfte liessen dem Dux noch Zeit, seine militärischen Obliegenheiten zu erfüllen. Er tritt uns häufig an der Spitze des Heeres entgegen[2]). — Ueber seine Gerichtsbarkeit ein Urtheil abzugeben, ist äusserst schwierig. Denn in Rom war noch der Stadtpräfect im Besitz derselben. Indessen lässt sich die Jurisdiction der Duces nicht bezweifeln. Hadrian I. sagt[3]) von seinem Vorgänger Stephan III.: „Auch Richter, um allen, die Gewalt erlitten, Recht zu sprechen, sandte er von Rom nach Ravenna, nemlich den Philippus, welcher zu jener Zeit Presbyter war, und den vormaligen (oder verstorbenen) Dux Eustachius." Aus etwas späterer Zeit haben wir einen noch schlagenderen Beweis von der Jurisdiction der Duces. Die Constitutio Romana von 824[4]) besagt § 1: Nam et hoc decernimus, ut domno apostolico in omnibus ipsi justam observent oboedientiam seu *ducibus* ac judicibus suis ad justitiam faciendam. § 4: Volumus, ut missi constituantur de parte domni apostolici et nostra, qui annuatim nobis renuntiare valeant, qualiter singuli duces et judices justitiam populo faciant et quomodo nostram constitutionem observent.

Die Duces des päpstlichen Gebietes wurden von dem

---

1) L. p. II, 68: relicta Romana urbe Stephano patricio et duci ad gubernandum.
2) L. p. II, 21. 30. 60.
3) Cod. Car. ep. 51 pag. 172.
4) M. G. III, 240.

Papste eingesetzt und mussten ihm dafür eine Abgabe (suffragium) bezahlen, ausserdem entrichteten sie ihm jährlich die Steuer, welche das ihnen unterstellte Gebiet aufzubringen hatte. Sie waren also mit der Eintreibung derselben betraut. Alles dieses erfahren wir aus dem zweiten Briefe Leos III. an Karl den Grossen vom Jahre 808[1]).

Ich will nun die Reihenfolge der römischen Duces festzustellen suchen. 712 oder 713 finden wir den ersten Dux in Rom[2]). Er hiess Christophorus[3]). Peter verdrängte ihn 713[4]). Unter Gregor II. (715—31) werden zunächst zwei Duces genannt: Basilius und Marinus. Nur von dem letzteren wird ausdrücklich bezeugt, dass er den Ducat von Rom inne hatte[5]). Es ist aber nicht unwahrscheinlich, dass Basilius sein Vorgänger war. Dafür scheint mir die Darstellung in der Vita Gregors II.[6]) zu sprechen: Post aliquot dies Basilius dux, Jordanes chartularius . . . consilium inierunt, ut pontificem interficerent. Quibus Marinus imperialis spatharius; qui Romanum ducatum tenebat, a regia missus urbe[7]), imperatore mandante hoc, assensum praebuit: sed tempus invenire non potuerunt, quia Dei judicio Marinus dissolutus est et contractus et sic a Roma recessit. Das folgende Kapitel erzählt, wie Basilius, nach-

---

1) Jaffé, Bibl. rer. Germ. IV, 312: Nescimus enim, si vestra fuit demandatio, quod missi vestri, qui venerunt ad justitiam faciendam, detulerunt secum homines plures et per singulas civitates constituerunt. Quia omnia, secundum quod solebat dux, qui a nobis erat constitutus, per districtionem diversarum causarum tollere et nobis more solito annue tribuere, ipsi eorum homines peregerunt. Et multam collectionem fecerunt de ipso populo. Unde ipsi duces minime possunt suffragium nobis plenissime praesentare.

2) In Neapel treten schon seit 660 Duces auf. Capasso, Mon. Neap. I, 21. 31.

3) L. p. II, 12.

4) L. p. II, 12. 13.

5) L. p. II, 27.

6) L. p. II, 27.

7) Hier ist Constantinopel gemeint. Marinus wird also als Dux nach Rom gesandt, und Basilius hatte sich offenbar schon vorher in Rom aufgehalten.

dem sein Anschlag gescheitert war, ins Kloster ging. Er wird hier nicht mehr Dux genannt. Ich möchte hierauf einiges Gewicht legen und daraus um so mehr schliessen, dass er der Vorgänger des Marinus im Ducat von Rom war. Er blieb in der Stadt, weil er noch weiter gegen den Papst wirken wollte oder sollte.

Der Nachfolger des Marinus scheint Exhilaratus gewesen zu sein. Vignoli nennt ihn allerdings Dux Neapolis. Allein Capasso[1]) streicht Exhilaratus aus der Reihe der Duces von Neapel, da die besten und ältesten Handschriften des Liber pontificalis, die codices Ambrosianus, Lucensis, Vaticanus cavensis nur Exhilaratus dux haben, aber nicht dux Neapolis. Wenn wir ihn unter die römischen Duces rechnen, so lassen wir uns dabei von folgenden Beweggründen leiten. Das Papstbuch erzählt[2]) über Exhilaratus: Ipsis interea diebus Exhilaratus dux (Neapolis Vign.) deceptus diabolica instigatione cum filio suo Hadriano Campaniae partes tenuit, seducens populum, ut obedirent imperatori et occiderent pontificem. Tunc Romani omnes secuti eum comprehenderunt et cum filio suo interfecerunt, dicentes, quod contra pontificem imperatori scripsissent. Was bedeuten in diesem Berichte die Worte secuti eum? Wir vermögen sie nur so zu erklären. Exhilaratus hielt sich Anfangs als Dux von Rom in der Stadt auf. Als ihm aber der Boden dort zu heiss wurde, zog er sich in das römische Campanien, welches ja einen Theil des römischen Ducats bildete, zurück und trat von hier aus dem Papste entgegen. Die Bewohner der Stadt Rom folgten ihm aber in die Campagna und erschlugen ihn. Schon dies spricht dafür, dass Exhilaratus Dux von Rom war. Ausserdem ist es höchst unwahrscheinlich, dass ein anderer als ein römischer Dux über den Papst an den Kaiser Bericht erstattet. Endlich haben wir noch einen anderen wichtigen Grund. Das vierzehnte Kapitel des römischen Concils vom Jahre 721 lautet[3]): Hadrianus filius Exhilarati, qui post

---

1) Capasso, Monum. Neap. I, pag. 52.
2) L. p. II, 80.
3) Mansi XII, 264.

praestitum sacramentum in apostolica confessione ¹) Epiphaniam diaconam illicito ausu in uxorem habet, anathema sit. Et responderunt omnes tertio: Anathema sit. Der Concilsbeschluss ist ausser von dem Papste und einem spanischen, einem brittischen und einem schottischen Bischof nur von Bischöfen des römischen Ducats unterzeichnet. Ausserdem sind nur römische Presbyter oder Diaconen Beisitzer des Concils. Wie soll nun ein so specifisch römisches Concil dazu kommen, das Anathem über den Angehörigen irgend einer anderen Stadt auszusprechen? Hadrian musste Römer sein, da auch seine Gattin in der Peterskirche zur Diakonisse verpflichtet war. Dass Exhilaratus hier nicht Dux genannt wird, macht uns an seiner Identität nicht irre. Im Gegentheil. Das Concil fand 721 statt, und Exhilaratus war der dritte Dux seit Beginn der Conflictszeit, also etwa seit 726 ²).

Unter Gregor II. wird noch ein Dux Peter erwähnt [3], aber an einer handschriftlich unsicheren und sehr unklaren Stelle. Vignoli hält ihn für einen Dux von Neapel. Capasso [4]) erklärt ihn und den Exhilaratus und Basilius für jene minores duces, qui tunc temporis et per sequentia etiam saecula Romae inveniuntur. Das früheste Beispiel, welches er aber hierfür anführt, stammt erst aus dem Jahre 787, ist also ein halbes Jahrhundert später. Die Pippinsche Schenkung liegt als bedeutsamer Abschnitt dazwischen. Wir glauben bis zu einer Revision der Handschriften des Liber pontificalis dabei bleiben zu müssen, dass Peter II. der Nachfolger des Exhilaratus im Ducat von Rom war, und zwar schon deswegen, weil der Dux Peter nicht im mindesten

---

1) Confessio b. Petri L. p. II, 226 oder confessio b. Pauli? L. p. II, 228. Eine andere Kirche wäre nicht so allgemein als apostolica confessio bezeichnet.

2) Brief Gregors II. an Leo III. Isauricus (717—41) bei Mansi XII, 960 oder Troya III, 430 Nr. 459: Decem annos Dei benignitate recte ambulasti neque sacrarum imaginum mentionem fecisti.

3) L. p. 30. 31.

4) Capasso, Mon. Neap. I, 54.

von Exhilaratus durch irgend ein Beiwort unterschieden und als Angehöriger einer anderen Stadt gekennzeichnet wird. Nach der Erzählung vom Tode des Exhilaratus wird unmittelbar hinzugefügt: Orbaverunt (al. turbaverunt) post hunc et Petrum ducem.

Stephan war Dux unter Gregor III. und unter Zacharias[1]), also zwischen 731 und 751. Alle diese Duces bis auf den letztgenannten sind zweifellos **kaiserliche Beamte**. Der beste Beweis hierfür ist, dass sie, von Christophorus abgesehen, ausnahmslos dem Papste feindlich gegenüberstehn und dafür unter der Volkswuth zu leiden haben. Anders verhält es sich mit dem Dux Stephan. Gregorovius nimmt mit anderen an, dass er der letzte vom Kaiser eingesetzte römische Dux war. Das ist aber nicht wahrscheinlich. Denn Stephan steht sowohl mit Gregor III. wie mit Zacharias auf sehr gutem Fusse. Bei Zacharias, welcher Grieche von Geburt war und mit den oströmischen Kaisern wieder in friedlichem Verkehre stand, ist dies weniger wunderbar als bei Gregor III., welcher noch der Conflictszeit angehörte. Er ist der einzige Dux, welcher den Titel „Patricius" führt[2]). Die freundschaftliche Stellung, welche er zu den Päpsten einnimmt, veranlasst uns zu der Vermuthung, dass ihm dieser Titel vom Papste verliehen wurde. Vielleicht wollten sie damit auch äusserlich beweisen, dass der römische Ducat und sein erster Beamter nicht mehr in Abhängigkeit vom griechischen Patricius stände[3]). — Stephan tritt neben dem Papste noch in einer gewissen selbständigen Bedeutung auf. An der angeführten Stelle der Vita Zachariä heisst es: et dum a praedecessore ejus beatae memoriae Gregorio papa atque ab Stephano quondam[4]) patricio et duce omnis exercitus Romani praedictus Trasimundus (der Herzog von Spoleto, welcher vor dem Könige

---

1) L. p. II, 60 und öfter.
2) L. p. II, 60: quondam patricius et dux omnis exercitus Romani.
3) So sagt auch Hegel Städteverf. v. It. I, 227.
4) Dies quondam bedeutet wohl nur, dass Stephan zu der Zeit, als der Biograph die Vita Zachariae verfasste, nicht mehr lebte.

Liutprand nach Rom geflüchtet war) redditus non fuisset. Ebenso wird gleich darauf[1]) gesagt: Sed dum isdem Trasimundus dux nollet implere, quae praedicto pontifici *et patricio simul* et Romanis promiserat. Ferner berichtet der Biograph[2]): *exhortatione sancti viri* exercitus Romanus in adjutorium praedicti regis egressus est. Von einem Befehl, den Zacharias dem Heere und seinem Dux ertheilt, ist nicht die Rede. Trotzdem ginge es unserer Ansicht nach zu weit, wenn man hieraus schliessen wollte, der Dux Stephan wäre noch vom Kaiser ernannt. Wir haben es mit einer Uebergangsperiode zu thun, und da konnte recht gut ein vom Papste eingesetzter Dux ähnliche Rechte und Ehren wie früher der kaiserliche geniessen. Herrn Professor Weiland verdanke ich noch eine andere Erkläruug. In allen erwähnten Stellen wird das römische Volk und Heer mit dem Patricius zusammen genannt, in der letzten Stelle wird ihm (dem Volke) sogar eine gewisse politische Selbständigkeit beigelegt. Der Gedanke liegt nahe, dass dieses Volk sich sein weltliches Oberhaupt selbst wählte. Unter Gregor II. waren ja die übrigen Italiener den Römern mit gutem Beispiel vorangegangen. Diese Vermuthung scheint bestätigt zu werden durch die Bezeichnung dux omnis exercitus Romani, welche diesem Dux allein beigelegt wird.

Die Reihenfolge der Duces seit Stephan ist sehr schwer festzustellen. Es werden zwar genug Duces erwähnt, aber es fehlt immer der Name des Ortes, wo sie residirten. Es ist deswegen sogar die Ansicht ausgesprochen, dass die Duces seit Stephan überhaupt aus Rom verschwunden seien. Wir glauben dagegen, sie mindestens für ein Menschenalter noch nachweisen zu können.

Stephans Nachfolger scheint **Theodat** gewesen zu sein. Er war ein Verwandter des nachmaligen Papstes Hadrians I. (772—95). Als diesem, welcher aus Rom war (L. p. II, 161), in früher Jugend die Eltern gestorben waren,

---

1) L. p. II, 61.
2) L. p. II, 62.

nahm Theodat ihn zu sich und erzog ihn [1]). Da Hadrian vom Papste Paul I. (757—67) die erste Weihe erhielt und von demselben auch noch zum Subdiacon gemacht wurde [2]), so wird Theodat wohl in den letzten Jahren des Papstes Zacharias (741—51) oder Stephan II. (752—57) Dux von Rom gewesen sein. Darauf weist auch die Angabe der Vita Hadriani, dass er vor langer Zeit (dudum) Consul und Dux gewesen sei. Später legte er sein Amt nieder und wurde Primicerius der römischen Kirche [3]). Dass dieser Dux vom Papste ernannt war, steht ausser allem Zweifel.

Theodat ist der erste römische Dux, welcher Consul und Dux genannt wird. Das altrömische Consulat hatte Justinian eingehen lassen, wie Procop klagt [4]). Dennoch starb der Consulname nicht aus. Zu Gregors I. Zeit ist Consul ein vom Kaiser verliehener Titel [5]). Der Liber diurnus Romanorum pontificum, welcher um 700 niedergeschrieben ist, erwähnt mehrfach einen Consul (einmal auch consules [6])), welcher offenbar der höchste Beamte in Rom ist. Er ist stimmberechtigt bei der Papstwahl und unterzeichnet das Wahlprotokoll an erster Stelle von den Laien [7]). Folgende Gründe bestimmen uns, in diesem Beamten nicht den Präfectus Urbi, sondern den Dux zu sehen. An der Papstwahl nehmen von den Beamten ausser dem Consul nur Tribuni Militiae Theil. So lässt sich mit einiger Wahrscheinlichkeit annehmen, dass der Consul ebenfalls ein militärischer Beamter ist. Ferner nennen sich nicht blos die römischen

---

1) L. p. II, 162.

2) L. p. II, 163.

3) Galletti, Del primicero pag. 52 setzt ihn als Primicerius ins Jahr 770 und zwar auf Grund einer Inschrift.

4) Procop, Anecd. cap. 26 (Corp. scr. hist. Byz. Proc. vol. III p. 144).

5) Oder vielmehr Exconsul. Gr. Ep. II, 53. R. p. 1190: (quondam Opilionis patricii nepos Venantius) Honores enim non habet et *chartas exconsulatus* petiit, pro quibus 80 auri libras transmisit. Der Titel war also käuflich.

6) Lib. diurn. cap. II tit. 5 pag. 21.

7) Lib. diurn. ed. Garnerius cap. I tit. 5. cap. II tit. 4 pag. 18. 20. tit. 5 pag. 21.

Duces seit der Mitte des achten Jahrhunderts[1]), sondern auch die Duces von Neapel[2]) und in anderen Städten consul et dux. Einen wichtigen Beweis haben wir dafür, dass diese Duces zuweilen blos Consuln genannt wurden. Aus dem Registrum Gregors II.[3]) wird mitgetheilt, dass dieser Papst an den Consul Theodor 1. die Insel Capri cum monasterio S. Stephani und 2. casale, quod dicitur Castro Majore, et casale, qui dicitur Ninfise, sita utraque infra insulam Capris patrimonii Neapolitani verpachtet habe. Beide Verpachtungen betreffen römische Patrimonien in der Gegend von Neapel. Nun berichtet das Chronicon ducum et principum Beneventi etc.[4]): 716. ind. XI. Constantinus Caballinus, Leonis filius an. 57. Hujus primo anno secunda ind. *Theodorus dux Neapolim* an. 11. Ich trage keinen Augenblick Bedenken, diesen Dux Theodor von Neapel mit dem Consul Theodor in Gregors II. Registrum zu indentificiren und daraus den Schluss zu ziehen, dass mit dem Consul des Liber diurnus niemand anders als der Dux gemeint ist. Auch der Consul Johannes, an welchen Gregor II. Besitzungen aus dem Patrimonium Appia verpachtet, lässt sich als Dux von Neapel nachweisen. Denn das oben erwähnte Chronicon ducum etc. Neapolis sagt zum Jahre 737 : ind. IX. Philippicus, qui et Bardanius an. duo. Hujus primo anno IX. ind. Johannes dux Neapolim an. 8[5]). Bisher herrschte die Ansicht, dass auch noch in dieser Zeit Consul ein vom Kaiser beziehungsweise Papste verliehener Titel wäre. Aber dann würde er nicht in solcher Regelmässigkeit bei den

---

1) Marini, Papiri diplomatici Nro. 101 pag. 160. Nro. 106 pag. 168 (Rom 998). Nro. 130 pag. 197 (Rom 950). Nro. 138 pag. 202 (Rom 879).

2) Vgl. die facsimilirten Urkunden im Anhang von Capasso, Mon. Neap. I.

3) Deusdedit l. III, c. 149 ed. Martinucci p. 324, auch bei (Borgia), Breve istoria. Append. di docum. pag. 9—13. Muratori, Antiq. Ital. V, 834—37.

4) M. G. SS. III, 212. Capasso, Mon. Neap. I, 8.

5) Daher ist die Zeit von Reg. pont. 2206 auf die Jahre 715—19 und 2216. 2217 auf 719—30 zu beschränken.

Duces seit der Mitte des achten Jahrhunders wiederkehren. Ich möchte daher folgende Erklärung vorschlagen: Der jedesmalige höchste Beamte in der Stadtverwaltung wurde aus alter Erinnerung vom Volke und vielleicht noch mehr von den Gebildeten, d. h. von der Geistlichkeit, als Consul bezeichnet. Allmählich drang diese Bezeichnung in die Titulatur des ersten Beamten ein, und er führte sie mit immer grösserer Regelmässigkeit. Den stärksten Halt für diese Erklärung bildet der Umstand, dass niemals Consul von Neapel oder Consul von Rom gesagt wurde, sondern immer nur Consul allein, wie das Volk der eigenen Stadt zu sagen pflegte. Gewöhnlich war der Dux dieser erste Beamte, welcher als Consul bezeichnet wurde. Wo aber, wie in Ravenna[1]), kein Dux die Stadtverwaltung leitete, sondern mehrere Beamten, da heissen sie alle Consuln. So werden in der Vita Zachariä[2]) die vier Ravennaten Consuln genannt, welche König Liutprand gefangen genommen hatte, und deren Freilassung Papst Zacharias bewirkte.

Unter dem Usurpator Constantin II. (767—68) war dessen Bruder Toto Dux von Rom. Der Biograph Stephans III.[3]) nennt ihn zwar schon Dux, bevor er sich mit seinen Brüdern Roms bemächtigte. Er ist aber wohl erst dann dazu gemacht, nachdem Constantin den apostolischen Stuhl eingenommen hatte. Dass er in Nepi Dux gewesen wäre (Toto quidam dux Nepesinae civitatis dudum habitator), ist nicht anzunehmen. Denn nur die grösseren Städte wurden von Duces verwaltet. Dreizehn Monate lang blieb Constantin Papst und Toto Dux in Rom.

Nach dem Sturze beider wurde der Chartular Gratiosus an Totos Stelle gesetzt[4]). Während Desiderius im Jahre 771

---

1) Ein Dux von Ravenna wird erwähnt in einer Urkunde bei Troya IV, 658 pag. 406 ann. 752: omnia quae depertinent in civitate Ravennae et finibus ejus i. e. medietas de hereditate quondam genitoris mei Johanne duce civ. Rav.

2) L. p. II, 65: et una Ravinianos captivos, Leonem, Sergium, Victorem et Agnellum consules praedicto beatissimo redonavit pontifici.

3) L. p. II, 133.

4) L. p. II, 138. 159.

Rom belagerte, ging Gratiosus bei Nacht und Nebel zum Papste in die Peterskirche. Er ist seitdem verschollen.

In der kurzen Frist, die Stephan III. (768—72) nach diesen Ereignissen von 771 noch regirte, war sein Bruder Johannes Dux in Rom[1]).

Unter Hadrian I. (772—95) lässt sich erst im Jahre 778 ein Dux nachweisen, Theodor, der Neffe des Papstes. Zusammen mit zwei Bischöfen kam er an den Hof Karls des Grossen, um für die Herausgabe der Patrimonien von Tuscien, Spoleto, Benevent, Korsika und im Gebiete der Sabiner zu wirken[2]). Im Jahre 781 sass er mit Herzog Hildebrand und anderen hochgestellten Personen über die Mönche des Klosters St. Vincent in Vulturnum zu Gericht[3]). In den Jahren von 781—83 sendet ihn der Papst nochmals in Angelegenheit von Patrimonien zu Karl dem Grossen[4]). Man findet in diesem Dux keine Spur mehr von der früheren Bedeutung dieses Amtes. Er wird von Hadrian zu seinen „servitia" gezählt.

Seitdem werden häufig mehrere Duces neben einander genannt. Hadrian sagt Cod. Car. ep. 87 pag. 265: Unde Crescentium et Adrianum duces cum fidelissimis missis vestris partibus Beneventanis direximus und ep. 93 pag. 275: Quapropter venientes nostris apostolicis optutibus representandi, scilicet Constantinus seu Paulus ducibus nostris vestrisque fideles. Ein fünfter Dux in dieser Zeit wird im Liber pontificalis[5]) erwähnt: Hujus temporibus defunctus Leoninus consul et dux, postmodum vero monachus, ob veniam suorum delictorum tres uncias massae Aratianae, qua ex hereditate parentum suorum fruebatur, sitas ab hac Romana urbe milliario XVI. via Ardeatina. Ich vermuthe, dass diese Duces die Beamten der Päpste in den grösseren Städten

---

1) L. p. II, 170.
2) Cod. Car. ep. 61 pag. 200. ep. 62 pag. 202.
3) Cod. Car. ep. 68 pag. 213.
4) Cod. Car. ep. 74 pag. 228: Theodorum eminentissimam consulem et ducem nostrumque nepotem.
5) L. p. II, 210.

ihres Gebietes waren, besonders in Ferrara ¹), Ravenna ²), Rimini³), Ancona ⁴), Osimo ⁴), Fermo ⁴), Perugia ⁵). Aus Rom selbst verschwand um diese Zeit der Dux. Das erfahren wir aus dem achten Paragraphen der Constitutio Romana von 824⁶): Placuit nobis, ut cuncti judices sive *hi qui cunctis praeesse debent, per quos judiciaria potestas in hac urbe Romana agi debent*, in praesentia nostra veniant, volentes numerum et nomina eorum et scire et singulis de ministerio sibi credito admonitionem facere.

Der Tribun.

Tribunen werden die Vorsteher jeder militia, schola u. s. w. genannt. So heissen die Primicere und Secundicere als Oberste der Notare, deren Amt als militia bezeichnet wird, Tribunen ⁷), ferner kommen praepositi ac tribuni scholarum ⁸) vor, tribuni chartariorum ⁹) und viele andere Tribunen. Die Tribunen, welche für uns in Betracht kommen, sind Militärtribunen. Ihre Stellung ist in der früheren

---

1) Ducatum Ferrariae L. p. II, 166 (Stephan III.). Cod. Car. ep. 51 pag. 171. ep. 56 pag. 187.

2) Deusdedit ducem Ravennatem L. p. III, 256. 257 (Joh. VIII. 872—82). Johannes dux et dativus Ravennae L. p. III, 257. Johannes dux civ. Rav. Troya IV, 658 pag. 406 (ann. 752).

3) Andreas dux civitatis Ariminensis (wahrsch. z. Z. des Erzb. Johannes IX. v. Ravenna 795—806) Urkunden im Codex traditionum ecclesiae Ravennatensis ed. Bernhart. Münch. 1810 pag. 27. Julianus gloriosus dux civitatis Ariminensis z. Z. des Erzb. Martin von Ravenna 810—17 Bernhart. pag. 28. Martinus dux civ. Arim. pag. 34. 45. Mauricius dux Ariminensium mit Desiderius verbündet und vom Biographen Stephans III. c. 25 nefandissimus genannt L. II, 153.

4) L. p. II, 186 (Hadr. c. 33): Habitatores tam ducatus Firmani, Auximani et Anconitani . . . ad pontificem concurrentes ejus se ter beatitudini tradiderunt.

5) L. p. II, 157 (Stephan III.) 180 ducatus Perusinus (Hadrian I.). Vgl. II, 79.

6) Capitularia ed, Boretius I, 824. M. G. III, 240.

7) Cod. Just. XII, 7, 2.

8) Cod. Just. XII, 11, 1. 37, 8.

9) Cass. Var. VII, 47. Der Dienst der chartarii wird daselbst militia genannt.

Kaiserzeit verhältnissmässig unbedeutend. Im Codex Justinianus wird zuweilen etwas von ihnen ausgesagt, was sie tief unter die Tribunen der Republik und der ersten Kaiserzeit stellt, welche ja der römischen Aristokratie angehörten. So liest man [1]: Tribuni vel milites nullam evagandi per possessiones habeant facultatem: cum signis propriis in mansionibus solitis ac publicis maneant: aut si quis tam necessaria scita contempserit, de eo ac tribuno ejus ad nostram scientiam rectorum ac defensorum relationibus protinus referatur etc. Die Defensoren, der niederste Grad der Civilverwaltungsbeamten, sind hier den Tribunen mindestens gleichgestellt. Hierzu passt sehr gut, dass sie schon in der früheren Kaiserzeit nur als Befehlshaber einer Cohorte gegenannt werden [2]).

Unter Justinian ist ihre Stellung bedeutender. Sie werden neben den Duces genannt, wenn auch mit geringerer Macht ausgestattet. Justinians Grundgesetz für Afrika von 534 [3]) beweist dies: Jubemus etiam, ut in trajectu, qui est contra Hispaniam, quod Septem dicitur, quantos providerit tua magnitudo (der Magister Militum) de militibus una cum tribuno suo homine prudente et devotionem servante reipublicae nostrae per omnia constituas, qui possit et ipsum trajectum semper servare et omnia, quaecumque in partibus Hispaniae vel Galliae seu Francorum aguntur viro spectabili duci, ut ipse tuae magnitudini referat. Der Tribun hat also dem Dux als seinem nächsten Vorgesetzten Bericht zu erstatten, und dieser berichtet dann an den Magister Militum, den höchsten militärischen Beamten der Provinz Afrika. In Italien war dies der Exarch. Von demselben wurden die Tribunen in der oströmischen Zeit ernannt [4]). Gregor der Grosse sagt von dem Tribunen Occi-

---

1) Cod, Just. XII, 35, 11 ann. 384.

2) CIL V, 1, 534. 535. 867. 930. 1888. 1839. V, 2, 6478. 6513. 7003. 7008. 7256.

3) Cod. Just. I, 27, 2.

4) In der Gothenzeit scheint dies der Präfectus Prätorio gethan zu haben. Cass. Var. VI, 3: Militia perfunctis tribunorum et notariorum honorem tribuit (sc. praefectus praetorio).

lian, er sei cum ordinatione exarchi nach Otranto gekommen!). Für die Provinz Afrika besorgte der Patricius Africa, die Einsetzung. Gregor I. bezeugt dies [2]): Anastasium tribunum, quem illic (in Korsika) excellentia vestra ordinaverat. Seit dem Abfall vom oströmischen Reich hat sie zweifellos der Papst eingesetzt, ebenso wie die Duces.

In Rom befanden sich mehrere Tribunen. Der Liber diurnus nennt einige, welche das Protokoll der Papstwahl und andere Schriftstücke unterzeichneten [3]). In derselben Formelsammlung unterschreibt ein Tribun den Eid (cautio) eines Bischofs [4]). Vorzüglich Tribunen sind mit den Judices im Liber pontificalis [5]) gemeint, welche an den Papstwahlen im 7. und 8. Jahrhundert so lebhaften Antheil nahmen. Im Liber diurnus [6]) werden die Theilnehmer an der Papstwahl aufgezählt: In unum quippe post triduum, ut moris est, convenientibus nobis i. e. sacerdotibus et reliquo omni clero, eminentissimis consulibus et gloriosis judicibus ac universitate civium et florentis Romani exercitus. Das Wahlprotokoll wird nach Ravenna zum Exarchen gebracht durch die Wähler selbst oder durch ihre Abgeordnete und zwar per . . episcopum, venerabilem presbyterum, notarium regionarium, viros honestos cives et de exercitali gradu, eminentissimum consulem, magnificos tribunos. Alle Mitglieder der Gesandtschaft sind vorher unter der Wählerschaft genannt. Die Tribunen entsprechen schon deswegen, weil sie unmittelbar auf den Consul folgen, den gloriosi judices.

In Ravenna befanden sich ebenfalls mehrere Tribunen. Drei von ihnen schickte Erzbischof Leo als Gesandte nach Rom [7]).

In kleineren Städten war nur ein Tribun. Dieser hatte

---

1) Gr. Ep. IX, 99. R. p. 1782.
2) Gr. Ep. VII, 3. R. p. 1449.
3) Lib. diurn. cap. II tit. 4 pag. 18: viros magnificos tribunos militiae. tit. 5 pag. 21 magnificos tribunos.
4) Lib. diurn. cap. III tit. 7. pag. 68.
5) L. p. I, 299. 303.
6) Lib. diurn. cap. II tit. 5 pag. 21.
7) L. p. II, 167.

dort dieselbe Gewalt und dieselben Befugnisse, wie der Dux in den grösseren Städten. Gregor I. bittet[1] den Tribunen Occilian von Otranto, die Einwohner dieser Stadt gegen die Gewaltthätigkeiten des Extribunen Viator zu schützen. Occilian war also ohne Zweifel der erste Beamte in dieser Stadt. In dieser Zeit lässt sich ausserdem nur zu Sipontum in Apulien ein solcher Tribun nachweisen[2]. Im achten Jahrhundert werden einige andere Städte von Tribunen verwaltet, sicherlich aber viel mehr, als uns berichtet wird. Am deutlichsten ist eine Stelle in der Vita Stephans III. (768—72)[3]: Alatrum partis Campaniae, ubi erat Gracilis tribunus. Die Vita Hadrians I. drückt sich unbestimmter aus[4]: veniens Calvenzulus cubicularius cum Lunissone presbytero et Leonatio tribuno, habitatoribus civitatis Anagninae. Gleichwohl ist auch hier kein Zweifel möglich, dass Leonatius Tribun von Anagni war. Viel ungewisser ist, was wir in Hadrians Briefe[5] unter Tribunatus Decimus zu verstehn haben. Wir haben die Vermuthung aufgestellt, dass unter den zehn Städten der Emilia, welche nach Hegels Hypothese sämmtlich von Tribunen verwaltet wurden[6], Adria in der officiellen Reihenfolge die zehnte war, und dass wir also unter Tribunatus Decimus das Gebiet des Tribunen von Adria zu verstehen haben. Diese Vermuthung wird durch die geographische Lage von Adria, am nordöstlichen Ende der Emilia, sehr unterstützt[7].

Es bedarf kaum eines Beweises dafür, dass der Tribun militärischer Befehlshaber in seiner Stadt war. Gregor I. ermahnt die Soldaten von Neapel zum Gehorsam gegen den

---

1) Gr. Ep. IX, 99. R. p. 1732.

2) Gr. Ep. XI, 24. R. p. 1701: Gregorius Johanni tribuno Sipontino. Ausserdem vorübergehend in Neapel Gr. Ep. II, 31. R. p. 1189.

3) L. p. II, 144.

4) L. p. II, 170.

5) Cod. Car. ep. 56 pag. 187. Vgl. S. 55. 56.

6) Ebenso wie die mittleren Städte der Pentapolis und des Ducats, füge ich hinzu.

7) Aus dem Registrum Gregors II. werden Tribunen ohne Bezeichnung des Ortes erwähnt bei Deusdedit III, c. 149.

Tribunen Constantius, welchen er in Neapel eingesetzt hatte [1]).
Gegen den Tribunen Gracilis von Alatrum, einen Parteigänger des Laienpapstes Constantin II. (767—68), eröffneten die Anhänger Stephans III. einen regelrechten Feldzug [2]).

Die Gerichtsbarkeit des Tribunen erkennen wir aus einem Briefe Gregors des Grossen [3]). Es handelt sich darin um die Freiheit eines Menschen, der von dem päpstlichen Notar als Leibeigener beansprucht wurde. Gregor schreibt nun an den Tribunen Johannes von Sipontum: Da der Bischof, welcher die Voruntersuchung geführt, sich geweigert hätte, ein Urtheil zu fällen, so solle der Tribun in Gemeinschaft mit dem Bischof die Sache noch einmal untersuchen und eine schriftliche Entscheidung treffen. Falls der Tribun die Freilassung des Menschen erkenne, solle es damit sein Bewenden haben.

Der Comes.

Ein ganzes Heer von Comites begegnet uns um die Zeit der Zerstörung des weströmischen Reiches. Es ist schwer, darunter den richtigen ausfindig zu machen. Wir glauben die ersten Spuren desjenigen Comes, welcher für uns in Betracht kommt, in der Ostgothenzeit zu erblicken. Damals wurden die grössten Städte des Reiches von Comites verwaltet. Von Syrakus [4]) und Neapel [5]) lässt sich dies nachweisen. Ueber die Befugnisse dieser Comites erhalten wir in der Formula comitivae Neapolitanae einigen Aufschluss. Es wird darin gesagt, dass besonders hervorragende Städte durch eine entsprechende Verwaltung (aptis administrationibus) ausgezeichnet würden. Zweck derselben sei, die Zusammenkünfte der Honoratioren (nobilium conventus) abzuhalten und Recht zu sprechen. Nach dieser allgemeinen

---

1) Gr. Ep. II, 81: custodiae civitatis deputavimus praeesse. R. p. 1189.
2) L. p. II, 144.
3) Gr. Ep. XI, 24. R. p. 1701.
4) Cass. Var. IX, 11.
5) Cass. Var. VI, 23 Formula comitivae Neapolitanae. Dagegen war der ostgothische Comes von Rom (Cass. Var. IV, 22. 23. VII, 13) der antike Curator statuarum. Diese Comites, obwohl deutsche Grafen, sind auf die spätere Entwickelung des Amtes von Einfluss gewesen.

Einleitung wird dem Addressaten die comitiva Neapolitana für eine Indiction übertragen und ihm ausdrücklich die Civilgerichtsbarkeit (*civilia negotia*) verliehen. Die Criminalgerichtsbarkeit (praetoria sc. negotia) wird seinen Unterbeamten unter dem Schutze der bewaffneten Macht überlassen. Ausserdem hat er den Schutz der Küste bis zu einem bestimmten Punkte. Damit erhält er auch die Aufsicht über den Handel und die Einziehung der Zölle.

Ausserdem gab es Comites zweiter Classe in kleineren Städten, wofür Cassiodor ebenfalls eine besondere Formel anführt [1]). Sie werden auch für die Dauer einer Indiction ernannt. Es wird ihnen nur ganz im Allgemeinen die Regirung über die Unterthanen (cives) übertragen und ihre Unterordnung unter die Staatsbeamten ausgesprochen (et publicarum ordinationum jussiones constanter adimpleas).

In der Stellung und den Befugnissen des Comes ist von der Zeit Gregors I. (590—604) bis zum Ende des achten Jahrhunderts auch nicht die geringste Veränderung eingetreten. Dieser Umstand gibt ihm eine grosse Aehnlichkeit mit dem Tribunen.

Die Comites haben in den kleinen Städten dieselben Befugnisse wie die Tribunen in den mittleren und die Duces in den grossen. Gregor I. beauftragt [2]) den Subdiacon Anthemius, dem Comes Comitatius von Misenum die vom Bischof unterschlagenen öffentlichen Gelder zurückzuerstatten. Comitatius wird hierdurch als oberster Beamter in Misenum gekennzeichnet. In demselben Misenum war früher Victanus Comes [3]). Gregor erwähnt in seinen Briefen noch zwei andere Comites, den Vicecomes Maurus von Terracina [4]) und Anio comes castri Aprutiensis Firmensis territorii [5]).

---

1) Cass. Var. VII, 26: Formula comitivae diversarum civitatum.
2) Gr. Ep. IX, 51. R. p. 1647.
3) Gr. Ep. IX, 69: Vectanus qui comes fuit in Missinati castello. R. p. 1573.
4) Gr. Ep. VIII, 18. R. p. 1507.
5) Gr. Ep. XII, 11. R. p. 1596.

Den ersten Comes, welcher im achten Jahrhundert vorkommt, nennt die Biographie Gregors II.[1]): Post hunc spatharius missus est alter cum jussionibus, ut pontifex a sua sede amoveretur. Denuo Paulus patricius ad perficiendum tale scelus quos seducere potuit ex Ravennatibus cum suo comite atque ex castris aliquos misit. Sed motis Romanis atque undique Longobardis pro defensione pontificis, in ponte Salario Spoletini atque hinc inde duces Langobardorum circumdantes Romanorum fines hoc praepedierunt. Dass sich in Ravenna ein Comes befindet, kann nicht Wunder nehmen. Er nahm dort eine untergeordnete Stellung ein. Wichtiger ist, dass der Comes hier als militärischer Befehlshaber auftritt. Ueber die übrigen Befugnisse des Comes in dieser Zeit belehrt uns ein Brief Hadrians I. an Karl den Grossen[2]). Hieraus erfahren wir Folgendes: 1. Der Comes wurde vom Papste eingesetzt. 2. Er besorgte die Geschäfte des Statthalters in der ihm anvertrauten Stadt (actum egit). 3. Er war mit dem militärischen Oberbefehl ausgestattet. Letzteres schliesse ich aus dem Umstande, dass Erzbischof Leo sein Heer gegen ihn aussenden muss. Die erwähnte Papstbuchstelle setzt den militärischen Oberbefehl des Comes ausser allem Zweifel.

Auch die Städte Modena[3]) und Todi[4]) wurden im achten Jahrhundert von Comites verwaltet.

Der Chartular.

Chartular und Notar sind identische Begriffe. Gregor I. nennt seinen Gesandten Castorius in Ravenna Ep. V, 45 und

---

1) L. p. II, 28.

2) Cod. Car. ep. 56 pag. 188: Nam et Dominicum, quem nobis in ecclesia b. Petri tradidistis atque commendastis, comitem constituimus in quandam brevissimam civitatem Gabellensem, praeceptum ejusdem civitatis illi tribuentes. Minime illam permisit ipsum actum agere; sed dirigens exercitum, vinctum eum Ravennam deduxit et sub custodia habuit.

3) Troya IV, Nro. 658 pag. 406 ann. 752: comitatus Motinensis.

4) Troya V, Nro. 741 pag. 74 ann. 760: comitatus Tudertinus. Die Urkunde ist jedoch von 3 judices Tudertini unterzeichnet. Hierfür weiss ich keine Erklärung.

IX, 79 Chartular und Ep. V, 51 Notar. Die griechischen Glossare erklären χαρτουλάριος theils als χαρτοφύλαξ (scriniarius, notarius qui instrumenta publica servat. Du Cange) theils als χαρτογράφος (chartularum scriba, notarius)[1]). Jedenfalls war der Chartular ursprünglich ein Beamter der Kanzlei. Nur so lässt es sich erklären, dass die Päpste schon frühzeitig Chartulare in ihrem Dienste haben. Wir finden dies friedlichste aller profanen Aemter aber nicht nur am grünen Tische, sondern auch in allerhand politischen Stellungen und sogar mit einem militärischen Oberbefehl ausgestattet. Dies ging so zu. Wie dem Kaiser und dem Papste, so stand jedem Beamten eine Kanzlei zur Seite. Allein dem Präfectus Prätorio Africa wurden durch Justinian 50 Chartulare beigegeben[2]). Diese Kanzleibeamten, welche natürlich verschiedene Rangstufen einnahmen, heissen im Codex Justinianus ausser chartularii auch notarii, cancellarii, consiliarii, adsessores, domestici[3]). Es konnte nicht ausbleiben, dass den Kanzleibeamten dann und wann von den Beamten, welchen sie untergeben waren, Geschäfte anvertraut wurden, die eigentlich den Beamten allein zukamen. Waren diese Beamten nun militärische, so konnten die Chartulare in ihrer Vertretung auch ein militärisches Commando führen. Ueberdies bestimmte ein Gesetz der Kaiser Valentinian und Valens[4]), die Unterbeamten der Magistri Equitum und Peditum sollten dem Militärstande angehören. Wir können zu dem militärischen Oberbefehl der Chartulare noch eine Analogie anführen. In Betreff der Numerare[5]), welche zuweilen

---

1) Du Cange, Glossarium mediae et infimae Graecitatis p. 1735. 1736.

2) Cod. Just. I, 27, 1, 38.

3) Cod. Just. 1, 51: De adsessoribus et domesticis et cancellariis judicum. I, 51, 3: Consiliarios judicum et cancellarios et eos, qui domesticorum funguntur officio, post depositam administrationem L dies in provincia residere praecipimus. Cod. Just. I, 51, 14: si non consiliarii signum, quod solitum est, chartis imponat, sed alias quasdam litteras excogitatas adsimulaverit.

4) Cod. Just. XII, 54, 2.

5) Cod. Just. XII, 49, 4 ann. 382: In provinciis singulis duo numerarii, qui et tabularii, collocentur, quoad unum fiscalis arcae ratiocinium, ad alterum largitionales pertinere tituli jubeantur.

zusammen mit den Chartularen genannt werden¹), wurde 365 an den Präfectus Prätorio die Verordnung erlassen, die Numerare des Präfectus Prätorio sollten den Schwertgürtel tragen und zum Soldatenstande gerechnet werden¹). Trotzdem unterstanden sie der Gerichtsbarkeit der Civilrichter²).

Der Chartular nahm allmählich eine sehr angesehene Stellung ein. Schon Cassiodor³) ermuntert ihn zu fleissiger Arbeit mit Hinweisung auf den primiceriatus oder illustratus, welche ihm als Belohnung in Aussicht ständen. Und nach solch einer Belohnung strebten die höchsten Rangklassen (summitates). Gregor I. erwähnt⁴) einen Chartular, der vir consularis ist. Unter Stephan III. wurde der Chartular Gratiosus Dux von Rom⁵).

Fast alles, was wir über das Amt des **kaiserlichen** Chartular wissen, erfahren wir aus der Geschichte des Chartulars Mauricius⁶). Zur Zeit des Papstes Severin (638—40) wiegelte er das römische Heer auf, indem er ihm vorspiegelte, Papst Honorius (625—38) habe den ihm anvertrauten Sold unterschlagen und im Lateran verborgen. Das wüthende Heer erstürmte den Lateran. Mauricius zog nun den Exarchen Isaak ins Vertrauen. Dieser sandte einen Theil der dem Papste abgenommenen Beute an den Kaiser Heraklius, den Rest behielt er für sich. Mauricius war mit dieser Löwentheilung unzufrieden. Heimlich gewann er das Heer in Rom und in den Nachbarstädten, und unter dem Pontificate Theodors I. (642—48¹) empörte er sich gegen den Exarchen⁷). Als aber der Magister Militum Donus mit einem Heere gegen die Stadt gesandt wurde, da fielen die Judices und das Heer von Mauricius ab. Er selbst wurde ergriffen und enthauptet. Der Scribo

---

1) Z. B. Cod. Just. XII, 49, 10.
2) Cod. Just. XII, 49, 8.
3) Cod. Just. XII, 52, 8.
4) Cass. Var. VI, 16.
5) Gr. Ep. II, 24. R. p. 1177.
6) L. p. II, 138.
7) L. p. I, 248 fde.
8) L. p. I, 253 fde.

(Befehlshaber der Trabanten) Marinus und der Chartular Thomas nahmen dann die wenigen treuen Anhänger des Mauricius gefangen. In dieser ganzen Erzählung ist der Chartular Mauricius der oberste militärische Befehlshaber in Rom, gegen welchen alle übrigen Beamten zurücktreten. Denn der Magister Militum Donus hatte seinen Sitz in Ravenna, wie aus seiner Eigenschaft als Schatzmeister des Exarchen und aus der ganzen Darstellung des Papstbuches hervorgeht [1]). Die Judices, mit welchen Mauricius sich verschworen hatte, waren wahrscheinlich Tribunen und Comites. Sie müssen ihm untergeordnet gewesen sein. Der Scribo Marinus und der Chartular Thomas waren Beamte aus dem Heere des Magister Militum Donus.

Es scheint, als ob schon einmal zu Gregors I. Zeiten ein Chartular dazu bestimmt war, die militärischen Angelegenheiten in Rom zu leiten [2]). Aber bald machte dieser wieder einem Magister Militum Platz [3]). Der Chartular Stephan in Sicilien wird marinarum partium chartularius genannt [4]). Es ist nicht unmöglich, dass er nicht nur Kanzleigeschäfte oder Zollerhebung an der sicilischen Küste besorgte, sondern die ganze Verwaltung derselben in seiner Hand hatte. Dagegen haben wir oben gesehen, dass der Notar Gaudiosus, welchem in Gemeinschaft mit einem Magister Militum der Papst Honorius I. die Regierung von Neapel übertrug, kein kaiserlicher Beamter, sondern der Rector des römischen Patrimoniums war. Dies Amt bekleideten die päpstlichen Chartulare häufiger [5]). Sie wurden auch besonders gern als diplomatische Agenten oder als Legaten benutzt. So erstattete „Augustus sedis nostrae notarius" dem Papste Pelagius Bericht über den Bischof

---

1) L. p. I, 254: Isaacius patricius misit Donum magistrum militum et saccellarium suum cum exercitu in civitatem Romanam. Quo veniente in civitatem Romanam etc.
2) Gr. Ep. I, 3. R. p. 1069.
3) Gr. Ep. II, 29. R. p. 1188.
4) Gr. Ep. V, 41. R. p. 1351.
5) Vgl. oben S. 41 A. 2.

Agnellus, welcher Kirchengüter verschleudert hatte[1]). Der Chartular (Notar) Castorius ist der Gesandte Gregors des Grossen beim Exarchen[2]), und der Chartular Anualdus unter Hadrian I. der römische Vertreter beim Erzbischof von Ravenna[3]). Den Chartular Hilarus sendet Gregor I. nach Afrika, um die Angelegenheiten der Armen zu ordnen[4]).

Als die Päpste sich im achten Jahrhundert eine Herrschaft gegründet hatten, da konnten auch päpstliche Chartulare einen militärischen Rang bekleiden. Das beweist der oben erwähnte Gratiosus, welcher unter Stephan III. Dux wurde.

Der Präfectus Urbis.

Da die Militärbeamten im achten Jahrhundert durchaus in den Vordergrund treten, so sind unsere Nachrichten über die päpstlichen Civilbeamten dieser Zeit um so spärlicher. Wir können nur einen einzigen deutlich unterscheiden, den Stadtpräfecten. Und auch dieser wird in der römischen Geschichte des ganzen achten Jahrhunderts nur ein einziges Mal erwähnt. Wir müssen daher wieder das Bild seiner Wirksamkeit aus den Nachrichten früherer Jahrhunderte ergänzen.

In der römischen Kaiserzeit treten uns zwei Arten von Präfecten entgegen, die Präfecti Urbis und die Präfecti Prätorio[5]). Das Reich war, wie wir oben gezeigt haben, in vier Verwaltungsbezirke getheilt, und jedem derselben stand ein Präfectus Prätorio vor. Die beiden Reichshauptstädte, Rom und Constantinopel, behielten eine bevorzugte Stellung[7]).

---

1) Brittische Sammlung Pel. Ep. 38 N. A. V, 550.
2) Gr. Ep. V, 45. 51. VI, 30. 34. IX, 79. R. p. 1677. 1372. 1413. 1694. 1704.
3) L. p. II, 174.
4) Gr. Ep. I, 76: ad ordinandas res pauperum. Dies kann auch heissen: um die Kirchengüter in Ordnung zu bringen. R. p. 1143.
5) Constantin. Porphyrogen. Themat. Orient. 1 (Migne 113, 72. Corp. scr. hist. Byz. Const. Porph. vol. III pag. 16): Ὕπαρχοι δὲ ἦσαν διττοί, ἕτεροι μὲν πραιτωρίων, ἕτεροι δὲ πόλεων.
6) Vgl. oben Seite 17.
7) Cod. Just. XI, 21, 1 ann. 421: Urbs Constantinopolitana non

Sie waren mit ihrer Umgebung nicht dem Präfectus Prätorio, sondern selbständigen Stadtpräfecten unterworfen. Der Präfect von Rom verwaltete die Stadt und hundert römische Meilen im Umkreise [1]).

Die Stadtpräfectur war von Augustus eingeführt [2]). Seit Tiberius wurde sie ein stehendes Amt. Jeder Stadtpräfect behielt sein Amt so lange, als er das Vertrauen des Kaisers besass. Seine hauptsächlichsten Befugnisse waren polizeiliche und richterliche [3]). Seine Rechte nahmen mit der Zeit zu. In der diocletianisch-constantinischen Verfassung hatte er ausser der administrativen und jurisdictionellen auch die Militärgewalt über Rom [4]). Die Kaiser Valentinian und Valens übertrugen 368 dem Stadtpräfecten die Sorge für die Getreidezufuhr [5]), wodurch der Präfectus Annonä factisch in Abhängigkeit von jenem gerieth [6]). Die Kaiser Valens, Gratian und Valentinian erhoben durch Verfügung vom 13. Juli 376 den Stadtpräfecten über alle anderen Beamten in der Stadt: praefectura urbis cunctis, quae intra urbem sunt, antecellat potestatibus, tantum ex omnium parte delibans, quantum sine injuria ac detrimento alieni honoris usurpet [7]). Ein Erlass von 391 (Valentinian, Theodosius und Arcadius) bestätigte, dass alle Corporationen und Einwohner der Stadt Constantinopel dem Stadtpräfecten unterstellt wären [8]). In Rom konnte es nicht anders sein.

---

solum juris Italici, sed etiam ipsius Romae veteris praerogativa laetetur.

1) Cass. Var. VI, 4. Basilicorum libri LX ed. Heimbach. vol. I pag. 171, wo sich mehrere Gesetze, welche den Stadtpräfecten betreffen, vereinigt finden.

2) Taciti Annales VI, 11. In anderer Form bestand sie schon in sehr alter Zeit.

3) Marquardt und Mommsen, Römische Alterthümer II, 2, 980 fde. 995. 906.

4) Marquardt-Mommsen II, 2, 989.

5) Unter Theodorich hatte der Präfectus Prätorio dieselbe. Cass. Var. I, 34. 35.

6) Cod. Just. I, 28, 1.

7) Cod. Just. I, 28, 3.

8) Cod. Just. I, 28, 4.

Die letztgenannten Kaiser verboten dem Präfectus Vigilum die Ausübung der Capitalgerichtsbarkeit, welche dem Präfectus Urbis zukomme¹). Am Anfang des fünften Jahrhunderts nennt die Notitia Dignitatum²) fünfzehn Verwaltungszweige, worüber der Präfectus Urbis zu verfügen hatte: Sub dispositione viri illustris praefecti urbis Romae habentur administrationes infra scriptae: 1. Praefectus annonae. 2. Praefectus vigilum. 3. Comes formarum. 4. Comes riparum et alvei Tiberis et cloacarum. 5. Comes portus. 6. Magister census. 7. Rationalis vinorum. 8. Tribunus fori Suarii. 9. Consularis aquarum. 10. Curator operum maximorum. 11. Curator operum publicorum. 12. Curator statuarum. 13. Curator horreorum Galbanorum. 14. Centenarius Portus. 15. Tribunus rerum nitentium. Er war also, um moderne Ausdrücke zu gebrauchen, zugleich Statthalter, Polizeidirector und Bürgemeister. Vierzehn Beamte standen ihm bei dieser umfassenden Thätigkeit zur Seite. Er wird seiner Wichtigentsprechend in den Inschriften vor und nach Diocletian ungeheuer viel genannt³).

Er überdauerte den Untergang des weströmischen Reiches.

Eine wichtige Veränderung ist zur Zeit Theodorichs im Wesen der Stadtpräfectur vorgegangen: der Präfect wird für eine bestimmte Zeit ernannt und zwar für die Dauer einer Indiction⁴). Mit den meisten anderen Aemtern wurde es in dieser Zeit ebenso gehalten⁵), vielleicht war es aber doch keine Ausnahme, wenn dem Präses Provincia zugesichert wurde, ihm werde bei tüchtiger Amtsführung die Dauer des Amtes verlängert werden⁶).

---

1) Cod. Just. I, 43, 1.
2) Not. dig. ed. Böcking. Occid. fasc. III. pag. 15.
3) CIL VI, 1, 1405. 1409. 1410. 1417. 1421. 1452. 1453. 1651 bis 72 etc.
4) Cass. Var. I, 42. III, 11. VI, 4. IX, 7.
5) Comes sacrarum largitionum und primicerius Cass. Var. VI, 7. Comes privatarum VI, 8. Comes patrimonii VI, 9. Praefectus annonae VI, 18.
6) Cass. Var. VII, 2.

Das Richteramt des Präfectus Urbis wird in dieser Zeit am meisten hervorgehoben [1]). Darum hat aber seine Eigenschaft als Statthalter und Polizeidirector nicht aufgehört: der Preis der Waaren, die Unterhaltung der Warmbäder, die Ruhe im Theater wurde von ihm überwacht [2]).

Ebenso ist er in der Justinianischen Gesetzgebung Statthalter und Richter. Er ist dem Präfectus Prätorio und dem Magister Militum an Rang gleichgestellt [3]).

Gregor der Grosse war, bevor er Papst wurde, Prätor Urbanus. Er theilt dies selbst mit [4]): ego quoque tunc urbanam praeturam (al. praefecturam) gerens. Prätor Urbanus bedeutet bei Gregor soviel wie Präfectus Urbis. Gregors Brief III, 38 ist überschrieben: Gregorius Libertino praefecto Siciliae. III, 62 sagt er: viro glorioso praetori Siciliae nostra scripta transmisimus. V, 32 erwähnt er v. gl. domnum Libertinum praetorem in Sicilien. Endlich schreibt er X, 51 an den Exconsul Leontius: Cautionis exemplar Libertini ad me studuit gloria vestra transmittere, quatenus mihi ostenderet, cum qua obligatione vel mente ad praefecturae dignitatem idem Libertinus accesserit. Auch die Identität von Expräfect und Exprätor lässt sich an demselben Libertinus erweisen [5]).

Die richterliche Thätigkeit des Stadtpräfecten wird in Gregors Briefen garnicht berücksichtigt. Dagegen wird die Gerichtsbarkeit des sicilischen und ravennatischen Präfectus (Prätorio) mehrfach hervorgehoben [6]) und zwar besonders

---

1) Cass. Var. VI, 4: Grande est quidem procerem esse, sed multo grandius de proceribus judicare und öfter.

2) Cass. Var. VI, 4.

3) Cod. Just. XII, 4, 1 ann. 372: Praefectum urbis, praefectum praetorio, magistros equitum ac peditum indiscretae ducimus dignitatis. Jul. Epit. ed Haenel const. 64 pag. 86 ann. 538: Praefectoria dignitas dicitur non solum praefectorum praetorio vel urbis sed etiam magistrorum militum.

4) Gr. Ep. IV, 2. R. p. 1273.

5) Gr. Ep. IX, 21. R. p. 1552: Gregorius Libertino expraefecto. X, 31: Gregorius Libertino expraetori. R. p. 1780.

6) Gr. Ep. I, 2. 37. III, 38. R. p. 1068. 1105. 1242.

die Criminalgerichtsbarkeit. Daher wurde das Criminalrecht als jus praetorium dem jus civile gegenübergestellt [1]).

Die Thätigkeit des Stadtpräfecten als Civilstatthalter wird von Gregor bezeugt. Als König Agilulf die Stadt Rom belagerte, leitete der Präfect Gregor neben dem Magister Militum Castorius die Vertheidigung [2]). Noch deutlicher wäre eine andere Stelle [3]) in den Briefen Gregors, wenn sich nachweisen liesse, dass der Stadtpräfect daselbst gemeint wäre: Epistolam gloriae vestrae suscepimus, in qua scripsistis, ut pro glorioso Bonito filio nostro agere debeamus, quatenus praefecturae illi administratio committatur ... Nam administratio ipsa uni priori ipsius et alteri minori ipsius oblata est, et miscere se nullo modo voluerunt: scientes omnino grave esse et praesertim hoc tempore administrationem suscipere ... Additur quia et inutile et valde laboriosum est, hominem litteratum ratiociniorum causas assumere.

Es ist wahrscheinlich, dass der Stadtpräfect sich unter den Judices befand, welche im 7. Jahrhundert an der Papstwahl Theil nahmen [4]).

Der Präfectus Urbis des 8. Jahrhunderts unterscheidet sich in einer Beziehung sehr von dem der früheren Jahrhunderte: er hat mit der Statthalterschaft nichts mehr zu schaffen. Diese ist, wie wir oben gesehen haben, dem Dux zugefallen. Der Wirkungskreis der Präfecten ist jetzt auf die Gerichtsbarkeit beschränkt. Und auch in der Jurisdiction wurde er in wichtigen Angelegenheiten bei Seite geschoben. So führt Hadrian I. selbst die Untersuchung über die Ermordung des Secundicerius Sergius [5]). Erst als die Voruntersuchung beendet war, übergab der Papst die Angeklagten dem Stadtpräfecten zur Folterung [6]). Wer das

---

1) Marini, Papiri diplomatici Nro. 74 pag. 112: quod testamentum meum si quo casu vel civili vel praetorio vel alia qualibet juris ratione valere non potuerit. Ebenso pag. 113. 114.
2) Gr. Ep. V, 40. R. p. 1359.
3) Gr. Ep. XII, 27. R. p. 1530.
4) L. p. I, 299. 303. Lib diurn. pag. 21.
5) L. p. II, 169 fde.
6) L. p. II, 171.

Urtheil sprach, ob Papst oder Präfect, bleibt unklar. Das Protocoll, welches über das Geständnis des Gefolterten aufgenommen war, sandte der Papst, nicht der Präfect, nach Ravenna, wo sich Paulus Afiarta, einer der Mitschuldigen aufhielt. Erzbischof Leo übergab diesen dem Consularis von Ravenna zur Folterung und liess ihn durch denselben dann auch hinrichten. Der Consularis nimmt in Ravenna genau dieselbe Stellung ein, wie der Präfect in Rom.

Jedoch war der Präfect nicht vollständig und in allen Fällen auf die Executive zurückgedrängt. Dagegen spricht der allgemeine Grundsatz des römischen Rechts, dass „jeder Magistrat die von ihm gefällten Urtheile zu vollstrecken gehalten ist" [1]).

Der Papst setzte seine militärischen Beamten ein, ebenso wird er es mit dem Präfecten gehalten haben. Der Consular in Ravenna war ein Beamter des Erzbischofs Leo und von diesem ernannt [2]). Schon Gregor I. hatte auf die Ernennung des Präfecten Einfluss [3]).

Von denjenigen Beamten, welche in der Notitia Dignitatum dem Stadtpräfecten untergeordnet werden, kommt im 8. Jahrhundert nur noch der *Magister census urbis Romae* vor [4]). Er fungirt bei der Abfassung einer Urkunde als Notar: Has autem duas chartas unoforme conscriptas mihi Theodoro magister census urbis Rome scribendas pariter dictaverunt. Er unterschreibt sie an letzter Stelle: Theodorus magister cense urbis Rome complevit et absolvit.

---

1) Marquardt-Mommsen I, 184.

2) Cod. Car. ep. 51 pag. 171 (Hadrian I.): Sed et cunctas actiones jnfra civitatem Ravennantium ipse (Leo) ordinavit.

3) Gr. Ep. XII, 27. R. p. 1530. Vgl. Seite 113.

4) Troya V Nro. 802 pag. 230 Zeit Pauls I. (757—67). Vgl. Gr. Ep. XIII, 45 pag. 1255: Hoc quoque saepius agnovimus, quoniam quidam aut apud locorum defensores aut apud clarissimos provinciarum iudices aut etiam, ut assolet, hic apud v.?cl. magistrum census ingrediuntur et queruntur tanquam ab alio passi aliquid contra leges. R. p. 1912.

Druckfehler.

Seite	11	Anm. 1 lies	XII, 3, 3	statt	XII, 3, 9.
„	14	„ 1 Z. 3 „	1115	„	111.
„	14	„ 1 „ 5 „	4827. 4828	„	4427. 1328.
„	14	„ 1 „ 6 „	7234	„	7224.
„	16	„ 1 „ 2 „	184	„	124.
„	18	„ 2 „ 1 „	S. 10 A. 1	„	S. 6 A. 2.
„	18	„ 3 „	8987	„	2987.
„	24	„ 6 „	VII	„	VIII.
„	25	„ 1 „	VIII, 14	„	VIII.
„	26	„ 2 „	IX, 27	„	27.
„	29	„ 8 Z. 2 „	331	„	1331.
„	33	„ 2 „	V	„	K.
„	41	„ 2 „ 10 „	1123	„	1133.
„	43	„ 1 „ 3 „	2195	„	2125.
„	43	„ 2 „ 4 „	2299	„	2229.
„	44	Zeile 9 „	restituirte	„	restaurirte.
„	45	A. 6 „	829	„	828.
„	47	„ 4 „	1612	„	162.
„	49	„ 1 Z. 2 „	1623	„	1625.
„	52	„ 1 „	I, 1	„	I, 3.
„	61	„ 4 „	1445	„	1448.
„	61	„ 5 „	1453	„	1452.
„	61	„ 6 „	1343	„	1243.
„	61	„ 6 „	1827	„	1826.

www.ingramcontent.com/pod-product-compliance
Lightning Source LLC
Chambersburg PA
CBHW030122240426
43673CB00041B/1373